Sonja Domröse

Frauen der Reformationszeit

Gelehrt, mutig und glaubensfest

Vandenhoeck & Ruprecht

Für meine Familie

Mit 10 Abbildungen

Bibliografische Information der Deutschen Nationalbibliothek

Die Deutsche Nationalbibliothek verzeichnet diese Publikation in der
Deutschen Nationalbibliografie; detaillierte bibliografische Daten sind im
Internet über http://dnb.d-nb.de abrufbar.

ISBN 978-3-525-55012-0

Satz: textformart, Göttingen
Druck und Bindung: ⊕ Hubert & Co, Göttingen

Gedruckt auf alterungsbeständigem Papier.

Inhalt

Vorwort

Im August 2008 startete die Evangelische Kirche in Deutschland (EKD) in Wittenberg die »Lutherdekade«, die mit den Feierlichkeiten zum 500. Reformationsjubiläum im Jahr 2017 ihren festlichen Abschluss finden wird. Denn am 31. Oktober 1517 schlug der damalige Augustinermönch Martin Luther seine 95 Thesen in Wittenberg an und setzte damit die Reformation in Gang.

Dieser Thesenanschlag gegen den damals üblichen Ablasshandel gilt gemeinhin als Beginn der Reformation, und er setzte ein äußerst komplexes Geschehen in Bewegung. Nicht nur die Spaltung der bis dahin einheitlichen westlichen Kirche in einen römisch-katholischen und einen protestantischen Zweig stand am Ende der religiösen Auseinandersetzungen, sondern auch vielfältige politische und gesellschaftliche Veränderungen wurden in der Reformationszeit initiiert. So hat die Reformation viele Gesichter und unterschiedlichste Facetten.

Immer mehr Beachtung fand in den letzten Jahren dabei auch der Einfluss von Frauen auf die Reformation in Deutschland, denn nicht wenige von ihnen fühlten sich durch die umstürzenden Ereignisse gerade der frühen Reformationszeit dazu berufen, ihre Stimme als Frau öffentlich zu erheben. Die Reformation war ein kollektives Ereignis, in dem sich nicht nur Menschen aller Schichten, sondern neben zahlreichen Männern eben auch viele Frauen dazu berufen fühlten, ihre Glaubensüberzeugungen selbstverantwortlich zu vertreten.

Es ist das Ziel dieses Buches im Rahmen der Reformationsfeierlichkeiten diesen historischen Beitrag von Frauen mehr in das Bewusstsein einer interessierten Öffentlichkeit zu rücken. In acht Biographien wird die couragierte und vielfältige Beteiligung von Frauen am Reformationsgeschehen dargestellt.

Frauen unterschiedlicher Schichten sind dabei zu entdecken. Neben der Fürstin Elisabeth von Calenberg-Göttingen, die als Regentin in ihrem Gebiet die Reformation einführte, wird die Lebensgeschichte weiterer adeliger Frauen wie Argula von Grumbach oder Ursula von Münsterberg erzählt. Aber auch Frauen aus dem Bürgertum wie Katharina Zell und Ursula Weyda setzten sich selbstbewusst mit ihren Schriften für die neue evangelische Lehre ein. Die Italienerin Olympia Fulvia Morata, die ihrer Zeit als ausgewiesene Gelehrte galt, verließ aus Glaubensgründen ihre Heimat und floh in das Land der Reformation. Die erste Dichterin des Protestantismus, Elisabeth Cruciger, wird mit ihrem Werk und Leben gewürdigt. Und nicht zuletzt findet die Lebensgeschichte von Wibrandis Rosenblatt Erwähnung, die mit gleich drei bedeutenden Reformatoren nacheinander verheiratet war und ihrem letzten Mann bis ins englische Exil folgte.

Gerade die frühe Reformationszeit, die die Jahre bis zum Ausbruch des Bauernkrieges 1525 umfasst, stärkte das Selbstbewusstsein vieler Frauen. Dies hatte viele Gründe. So ermutigte Martin Luther in seinen frühen Schriften ausdrücklich die Laien dazu, selber die Bibel in die Hand zu nehmen, darin zu lesen und mit der Heiligen Schrift gegen die kirchlichen Missstände zu argumentieren. Dieses Schriftprinzip, dem zu Folge allein theologische Gültigkeit beanspruchen kann, was in den Heiligen Schriften zu lesen ist, entfachte eine ganze Literatur-Flut. Die Übersetzung der Bibel ins Deutsche sorgte dafür, dass jeder des Lesens Kundige selber prüfen konnte, was in der Bibel geschrieben steht.

Die reformatorische Erkenntnis des Priestertums aller Glaubenden, die den Geistlichen einen besonderen Status vor Gott absprach, sorgte darüber hinaus für eine Wertschätzung jeder Christin und jedes Christen. Und so fühlten sich nicht wenige Frauen berufen – durch die neuen Möglichkeiten des Buchdrucks und der Flugschriften begünstigt – aktiv durch eigene Publikationen in die Auseinandersetzungen der Reformationszeit einzugreifen und die untergeordnete Stellung der Frau zu bekämpfen.

So hatten die reformatorischen Ideen und Erkenntnisse Konsequenzen auch für die Beziehung zwischen den Geschlechtern. Die männliche Vorherrschaft geriet ins Wanken, wo Frauen nur noch Gott als höchste Autorität für sich entdeckten und akzeptierten. Diese unmittelbare Beziehung zu Gott, die keiner Mittlerrolle der Kirche mehr bedurfte, brachte auch eine neue Erkenntnis für Frauen mit sich: Viele beanspruchten Gottes Willen aus dem Lesen der Bibel selber erkennen und selbst verantworten zu können, ohne männliche Autoritäten um Rat zu fragen. Nicht nur Männer waren vom Geist Gottes ergriffen, auch Frauen postulierten dies für sich und argumentierten aus dieser neuen Glaubensgewissheit heraus.

War es für alle Laien schon ein emanzipatorischer Akt, die Bibel selbst in die Hand zu nehmen und in ihr zu lesen, so war es dies für Frauen erst recht. Denn nicht wenige erkannten, dass sie mit der Heiligen Schrift selber gegen frauenfeindliche Passagen der Bibel argumentieren konnten. Das Schweigegebot für Frauen in den Gemeinden wurde in seiner absoluten Gültigkeit widerlegt mit frauenfreundlichen Zitaten der Bibel. Mit der Würdigung biblischer Frauengestalten nahmen die Streiterinnen der Reformationszeit den Kampf um ein gleichberechtigtes Miteinander von Frauen und Männern in der Kirche auf. Biblische Frauen galten Autorinnen wie Katharina Zell, Argula von Grumbach oder auch Elisabeth von Calenberg-Göttingen in ihren mutigen Auseinandersetzungen des 16. Jahrhunderts als Vor- und Leitbilder.

So macht dieses Buch durch die Würdigung des theologischen und schriftstellerischen Wirkens exemplarischer Frauen zu Beginn der Neuzeit deutlich, dass es bereits vor 500 Jahren Aufbrüche zu einer Gleichberechtigung von Frauen in Kirche und Gesellschaft gegeben hat. Auch wenn die hier portraitierten Frauen in ihrer Denk- und Verhaltensweise Individuen sind, deren Schicksal keinen Anspruch auf allgemeine Gültigkeit erheben kann, so sind ihre Lebensgeschichten doch bedeutsam. Denn jede einzelne Biographie ist ein Beispiel dafür, wie Frauen sich immer wieder in herausfordernden geschichtlichen Ereignissen engagiert und bewährt haben. So kommen die Frauen durch ihre Schriften selber zu Wort. Um den heutigen Leserinnen und Lesern das Verständnis zu erleichtern, wurde die Originalsprache dem heutigen Deutsch angepasst.

Im weiteren Verlauf des Reformationsgeschehens ist dieser Aufbruch der evangelischen Bewegung hin zu einer Geschlechtergerechtigkeit nicht weiter aufgenommen worden und wurde sogar teilweise aktiv zurückgedrängt. Daher ist nach der Würdigung einzelner Frauenbiographien der Reformationszeit eine Auseinandersetzung mit dem Frauenbild Martin Luthers unabdingbar. Denn in seiner ambivalenten Sicht auf Frauen legte Luther als der bedeutendste Reformator eines der Fundamente dafür, dass Frauen einerseits in der heutigen evangelischen Kirche die gleichen geistlichen Ämter bekleiden können wie Männer, es andererseits aber über ein halbes Jahrtausend dauerte bis es so weit war.

Den vorherrschenden Eindruck, das Reformationsgeschehen sei allein und ausschließlich durch einflussreiche Männer geprägt worden, möchte dieses Buch korrigieren, indem es das Engagement und den Mut exemplarischer Frauengestalten würdigt und deutlich macht.

So soll im Rahmen der Reformationsdekade das Wirken von Frauen am Beginn der Neuzeit und der reformatorischen Bewegung in das ihnen gebührende Licht gestellt werden. Denn sie selber sahen sich als Streiterinnen und Kirchenmütter, als Säugammen der Kirche und selbstbewusste Töchter Gottes.

Stade, 24. März 2010   Sonja Domröse

Einführung in die Reformationszeit

Die Jahre, in der die in diesem Buch portraitierten Frauen lebten und wirkten, waren eine Zeit der großen politischen und religiösen Umbrüche, der gesellschaftlichen Unruhen und Utopien. Daher scheint es ratsam einen groben Überblick der historischen Ereignisse zu geben und sie den Biographien voranzustellen. Denn die nicht immer leicht zu entwirrenden verschiedenen Stränge können so sicherlich besser eingeordnet werden. Daher erfolgt zunächst in der gebotenen Kürze eine Einführung in die ersten Jahrzehnte des 16. Jahrhunderts.

Am 31. Oktober 1517 schlug der Augustinermönch Martin Luther in der Universitätsstadt Wittenberg seine 95 Thesen gegen den Ablasshandel der Kirche öffentlich an. Was von ihm als eine Erneuerung der römisch-katholischen Kirche, als eine Reform also gedacht und gemeint war, wuchs sich in den kommenden Jahren und Jahrzehnten zu einem großen religiösen, politischen und gesellschaftlichen Umbruch aus, an dessen Ende die konfessionelle Spaltung der bis dahin einheitlichen westlichen Kirche stehen sollte. Denn Luthers Thesen fanden von Anfang an großen Widerhall in der Bevölkerung.

Luther war 1502 in Erfurt in den Augustinerorden eingetreten und damit Mönch geworden. In den Jahren 1510 und 1511 reiste er nach Rom und begann noch im selben Jahr seine Vorlesungen an der damals noch jungen Universität Wittenberg. Empört über die Praxis des Dominikaners Johann Tetzel, der mit seinem Tross von Stadt zu Stadt zog und den Gläubigen den kompletten Ablass ihrer Sünden versprach, vorausgesetzt sie kauften sich einen Ablassbrief, verfasste Luther seine Thesen. Er sah die Kirche mehr und mehr in eine Glaubwürdigkeitskrise geraten, aus der er sie aus Liebe zu seiner Kirche retten wollte.

Was folgte, war aber eine Reihe von Disputationen, Auseinandersetzungen und schlussendlich ein Streit mit den Vertretern des

Papstes und der Leitung der katholischen Kirche, der in einer Anzeige in Rom gegen Luther gipfelte. Aufgrund dieser Anzeige wurde 1518 ein Ketzerprozess gegen ihn angestrengt, und er wurde auf dem Reichstag in Augsburg verhört. Er weigerte sich dort, seine in langen Jahren des Bibelstudiums gewonnenen Glaubensüberzeugungen zu widerrufen, und floh aus Augsburg. Sein Prozess zog sich hin, da mittlerweile im Januar 1519 Kaiser Maximilian I. gestorben war. Im Juni desselben Jahres wurde Karl V. zum neuen Kaiser des Heiligen Römischen Reiches Deutscher Nation gewählt und der Prozess gegen Luther von der römischen Kurie wieder aufgenommen. 1520 schrieb Luther seine reformatorischen Hauptschriften »An den christlichen Adel deutscher Nation von des christlichen Standes Besserung« und »Von der Freiheit eines Christenmenschen«. Der Papst erließ gegen Luther eine Bannandrohungsbulle, einige seiner Schriften wurden öffentlich verbrannt. Luther reagierte darauf, indem er seinerseits die päpstliche Bulle sowie Bücher des kanonischen Rechts in Wittenberg öffentlich ins Feuer warf.

Luther wurde daraufhin 1521 vor den Reichstag in Worms geladen, um öffentlich zu widerrufen. Wieder weigerte er sich, daraufhin wurde gegen ihn die Reichsacht verhängt, die ihn vogelfrei machte und eine Verbreitung seiner Lehre und Schriften verbot. Sein Landesherr, Kurfürst Friedrich der Weise, versteckte Luther auf der Wartburg, wo dieser in den Jahren 1521 und 1522 das Neue Testament ins Deutsche übersetzte. Während Luthers Abwesenheit begannen Mönche in Wittenberg zu heiraten, so wie Luther es bereits in seiner Schrift an den Adel gefordert hatte, indem er das Zölibat scharf kritisierte. Die Turbulenzen in Wittenberg zwangen Luther, die Frage der klösterlichen Gelübde zu untersuchen, und er forderte schließlich in einem Traktat ihre Abschaffung. 1522 kehrte er eilig nach Wittenberg zurück, da in der Zwischenzeit der Fortgang der dortigen Reformen tumultartige Züge angenommen hatte. Die Auseinandersetzungen mit den Schwärmern, denen die Veränderungen in der Kirche nicht schnell genug und zu wenig radikal waren, nahmen an Schärfe zu. 1524 brach der Bauernkrieg aus, in dem sich die bäuerliche Bevölkerung gegen die Leibeigenschaft sowie die ungerechten Verhältnisse im Land erhob. Thomas Müntzer, einst Wegbegleiter Luthers in Wittenberger Tagen und nun einer seiner schärfsten Kritiker, wurde in der Schlacht von

Frankenhausen mit seinem Bauernheer vernichtend geschlagen und wenig später hingerichtet. Mitten in den Wirren des Bauernkrieges heiratete der ehemalige Mönch Martin Luther 1525 die ehemalige Nonne Katharina von Bora.

Auf dem 1. Reichstag zu Speyer, ein Jahr nach Luthers Hochzeit, wurde das Wormser Edikt ausgesetzt. Dieses Edikt hatte Luther für vogelfrei erklärt und ein Verbot seiner Lehre und Schriften angeordnet. Da Kaiser Karl V. durch die drohende Eroberung seines Reiches durch die Türken, die bereits 1521 Belgrad eingenommen hatten und 1529 vor den Toren Wiens stehen sollten, außenpolitisch gebunden war, hatten die Fürsten seines Reiches relative Handlungsfreiheit. So interpretierten die evangelischen Fürsten das Aussetzen des Wormser Edikts für sich als ein Recht, ihre Gebiete zu reformieren.

1529 tagte der Reichstag zum zweiten Mal in Speyer. Die konfessionelle Spaltung war noch weiter fortgeschritten, so dass von katholischer Seite gefordert wurde, unverzüglich zu den alten Traditionen zurückzukehren und alle Neuerungen in den evangelischen Territorien rückgängig zu machen. Dies führte zum Protest der evangelischen Stände, zur sogenannten »Protestation«, nach der die Evangelischen sich von nun an selbstbewusst auch »Protestanten« nannten.

Im selben Jahr trafen sich auf Veranlassung Philipp von Hessens, einem der einflussreichsten evangelischen Fürsten, in dessen Residenzstadt Marburg die Reformatoren aus Wittenberg mit denen vom Oberrhein, um ihre Auseinandersetzungen in der Abendmahlslehre beizulegen. In Marburg begegneten Martin Luther und Philipp Melanchthon den Reformatoren aus der Schweiz und aus Straßburg, Ulrich Zwingli, Martin Bucer und Johannes Oekolampad. Trotz intensiver Dispute erzielten die Theologen jedoch keine Einigung und die Marburger Religionsgespräche endeten ohne eine Annäherung der lutherischen und der reformierten Seite.

Als der Reichstag 1530 in Augsburg tagte, konnte Luther, der weiterhin unter der Reichsacht stand, nur von der Feste Coburg aus am Geschehen teilnehmen. Auf dem Reichstag legten die protestantischen Stände das Augsburger Bekenntnis (Confessio Augustana) vor. Der Kaiser lehnte dieses Bekenntnis der Protestanten ab und drohte mit Krieg, indem er ein Ultimatum stellte:

Innerhalb eines Jahres sollte sich die evangelische Seite unterwerfen. Weil er aber selber vollauf mit den außenpolitischen Auseinandersetzungen mit Frankreich und den Türken sowie Auseinandersetzungen mit dem Papst in Anspruch genommen war, konnte er seine Drohungen nicht in die Tat umsetzen.

Erst nach Luthers Tod 1546 hatte der Kaiser freie Hand, sich der deutschen Frage ungehindert zuzuwenden. 1531 war in der thüringischen Stadt Schmalkalden ein Bund der evangelischen Stände gegründet worden, um gemeinsam gegen den katholischen Kaiser auftreten zu können. Gegen diesen Schmalkaldischen Bund begann Kaiser Karl V. im Jahr 1546 einen Krieg, den er 1547 siegreich beendete. Dabei hatte gerade einer der evangelischen Fürsten eine unrühmliche Rolle gespielt. Moritz von Sachsen, der sich zum evangelischen Glauben bekannte, hatte sich – wohl nicht zuletzt aus politischen Erwägungen – auf die Seite des katholischen Kaisers geschlagen und so den Sieg über den Schmalkaldischen Bund bei der Schlacht von Mühlhausen erst möglich gemacht. Moritz von Sachsen war daraufhin auf evangelischer Seite als »Judas von Meißen« geächtet.

Nach dem Sieg der kaiserlichen Truppen über die evangelische Streitmacht wurde auf dem Augsburger Reichstag 1558 das Augsburger Interim vom Kaiser durchgesetzt. Dieses gestand den Protestanten zwar einige Neuerungen wie die Feier des Abendmahls in Brot und Wein sowie das Zugeständnis der Legitimierung der bis dahin geschlossenen Priesterehen zu, ansonsten musste unter Gewaltanwendung überall wieder die alte Ordnung durchgesetzt werden. In der Folge mussten evangelische Theologen wie Martin Bucer beispielsweise ihre Heimat verlassen und ins Exil gehen.

1552 wendete sich das Blatt allerdings wiederum, erneut unter tätiger Mitwirkung von Moritz von Sachsen. Von Kaiser Karl V. enttäuscht, da dieser gegebene Versprechen nicht gehalten hatte, wechselte der sächsische Fürst erneut die Seiten und überrumpelte das kaiserliche Heer, so dass Karl V. gezwungen war, sein Heil in der Flucht zu suchen. Daraufhin wurde Moritz als Retter der Protestanten gefeiert, denn er konnte im Vertrag von Passau ein Moratorium für die evangelische Seite durchsetzen. Allerdings starb er bereits ein Jahr später in der Schlacht von Sievershausen, in der auch Erich II. von Braunschweig und andere kämpften. Im Augsburger Religionsfrieden des Jahres 1555 wurde die konfessionelle

Spaltung des Deutschen Reiches dann besiegelt. Er verfügte durch die Formel »cuius regio, eius religio« (zu Deutsch: »Wessen Gebiet, dessen Religion«), dass der Fürst eines Landes nunmehr berechtigt war, die Religion seiner Untertanen vorzugeben. Mit dem Augsburger Religionsfrieden war die Idee eines universalen christlichen Kaisertums endgültig obsolet geworden, denn im Heiligen Römischen Reich Deutscher Nation lebten nun Katholiken und Evangelische nebeneinander. Nur ein Jahr später dankte Kaiser Karl V. ab.

Argula von Grumbach

Kämpferische Streiterin für die Reformation

Verlogen und neydisch Zungen han mich zu Leid und Schmerz
gedrungen.

Gravur einer Schaumünze mit dem Portrait Argula von Grumbachs

*A*n einem Spätsommertag des Jahres 1523 greift eine mutige und
gebildete Frau zur Feder, um einen Sendbrief an die Gelehrten
der Universität Ingolstadt zu schreiben. Selbstbewusst fordert die
31-Jährige darin die Professoren auf, »in Gegenwart unser dreier
Fürsten und der ganzen Gemeinde« sich mit ihr theologisch aus-
einanderzusetzen. Einzige Bedingung: Da sie kein Latein kann,
soll der Disput auf Grundlage der Heiligen Schrift in Deutsch geführt werden. »Ich habe euch kein Frauengeschwätz geschrieben,
sondern das Wort Gottes als ein Glied der christlichen Kirche«,
schließt sie ihre Botschaft.

Wer war diese Frau, die mit diesem Brief an das Licht der Öffentlichkeit trat und innerhalb kurzer Zeit die bekannteste Flugschriftenautorin der Reformationszeit wurde? Ihr Name: Argula
von Grumbach, geboren 1492 auf der Burg Ehrenfels in Franken
als Tochter von Bernhardin von Stauff und Katharina von Törring
zu Seefeld, die beide aus altem bayrischem Adel stammten. Die
einst sehr reiche Familie von Stauff war verarmt, legte aber trotzdem großen Wert auf eine gute Bildung ihrer Kinder. Als 10-Jäh-
rige bekam Argula bereits von ihrem Vater eine deutsche Bibel
geschenkt. Auch wenn Martin Luther erst 1522 seine deutsche
Übersetzung des Neuen Testaments und ein Jahr später die Übersetzung des ersten Teils des Alten Testaments herausgab, so waren doch bereits vor Luthers bahnbrechender Arbeit Bibeln in verschiedenen Volkssprachen im Umlauf. Argula jedenfalls zitierte
zeit ihres Lebens aus ihrer vorlutherischen deutschen Bibel.

Die Adlige wuchs mit zwei Schwestern und vier Brüdern auf und kam als junges Mädchen zur Erziehung an den Münchner Hof des Herzogs Albrecht IV. und seiner Frau Kunigunde, einer Schwester Kaisers Maximilians I. (1459–1519). Nachdem 1509 innerhalb von fünf Tagen die 17-jährige Argula sowohl Vater als auch Mutter durch die Pest verloren hatte, bekam die vom Vater geschenkte Bibel für die Heranwachsende eine besondere Bedeutung. Sie lernte wichtige Passagen auswendig und erwarb sich eine bemerkenswerte Bibelkenntnis.

Um 1515 heiratete sie Friedrich von Grumbach, der aus fränkischem Adel stammte. Vier Kinder wurden dem Paar geboren: die Söhne Georg, Hans Georg und Gottfried sowie die Tochter Apollonia. Neben der Erziehung der Kinder widmete sich Argula intensiv der neuen Glaubenslehre aus Wittenberg. Mit den Schriften Martin Luthers war sie bestens vertraut, hatte sie doch zahlreiche Schriften von ihm gelesen. Seit 1522 stand sie mit ihm in einem regen Briefwechsel. Aber auch mit Georg Spalatin, einem Freund Luthers und Hofprediger in Wittenberg, sowie Paul Speratus, dem ehemaligen Würzburger Domprediger und späterem Hofprediger in Königsberg, tauschte sie sich per Brief aus. Ihr Ehemann dagegen, der seit 1515 als gut bezahlter Pfleger von Dietfurt und damit als Statthalter im Dienst der bayrischen Herzöge stand, blieb bis zu seinem Tod 1529 überzeugter Katholik.

Bereits 1522 erließen die bayrischen Herzöge eine scharfe Verordnung gegen die Reformation. Es war nicht nur verboten, sich dem neuen Glauben zuzuwenden, sondern allein schon das Diskutieren über Luthers Lehren und Schriften wurde unter Strafe gestellt. Umso unerschrockener erscheint da das Handeln Argula von Grumbachs nur ein Jahr später.

Was genau trieb sie zu ihrem mutigen Brief gegenüber der Universität Ingolstadt, mit dem sie als erste Frau öffentlich für die Reformation eintrat? Kein Mann hatte es gewagt, sich offen für den 18-jährigen Magister Arsacius Seehofer einzusetzen. Dieser hatte 1521 bei Philipp Melanchthon in Wittenberg studiert und hielt nun in Ingolstadt auf der Basis von Melanchthon-Texten Vorlesungen und warb für die Reformation. Da dies durch herzogliche Verordnung verboten war, wurde gegen ihn ein Verfahren eröffnet. Er musste öffentlich abschwören und wurde ins Kloster Ettal verbannt. Die prägende und beherrschende Gestalt an der Universität

Ingolstadt war zu dieser Zeit Johann Eck, der bedeutendste Gegner Martin Luthers und einer der intellektuell Fähigsten. Hatte es zwischen den beiden Männern anfangs noch Ansätze einer positiven Beziehung gegeben, so griff Eck bereits 1518 Luther scharf an. In der Leipziger Disputation von 1519 stritt Eck öffentlich mit Luther und Andreas Karlstadt und nur ein Jahr später arbeitete er im Auftrag Roms die päpstliche Bannandrohungsbulle gegen Luther aus. Luther belegte ihn daraufhin in seinen Schriften mit so groben Ausdrücken wie »Dr. Sau« und »das Schwein von Ingolstadt«. Möglicherweise mag diese erbitterte Feindschaft zwischen diesen beiden exponierten Streitern ein Grund gewesen sein, warum keiner der männlichen Gelehrten für Arsacius Seehofer Partei ergreifen mochte.

Durch einen Nürnberger Bürger hatte Argula von den Vorkommnissen in Ingolstadt gehört. Sie reist daraufhin selber nach Nürnberg, trifft sich dort mit dem wichtigsten Reformator der Stadt, Andreas Osiander, und berät sich mit ihm. Offensichtlich von ihm ermutigt, verfasst sie wagemutig einen Sendbrief an die Universität in Ingolstadt. Für sie ist offenkundig: Unter Androhung von Gewalt fordern die Gelehrten einen Widerruf Seehofers, ohne ihn durch biblische Zeugnisse widerlegen zu können. Solch ein Vorgehen ist nach ihrer Meinung aber gegen Gottes Wille, denn, so schreibt sie, »ich finde an keinem Ort der Bibel, dass Christus noch seine Apostel oder Propheten jemanden eingekerkert, gebrannt noch gemordet haben oder das Land verboten.«

Argula beginnt ihren Sendbrief mit einem Zitat aus dem Matthäus-Evangelium: »Wer nun mich bekennt vor den Menschen, den will ich auch bekennen vor meinem himmlischen Vater. Wer mich aber verleugnet vor den Menschen, den will ich auch verleugnen vor meinem himmlischen Vater.« (Matthäus 10,32f) Für sie wird durch dieses Bibelwort offenbar: Sowohl Männer als auch Frauen sind zum Bekenntnis Jesu Christi aufgerufen. Daher, so Argula, wage sie es überhaupt zu schreiben, obwohl sie lange mit sich gerungen habe. Denn »mit Schwermütigkeit« habe sie es bisher unterlassen öffentlich zu reden. Argula von Grumbach kennt ihre Bibel gut und weiß, dass mit dem Satz aus dem 1. Korintherbrief »die Frauen sollen schweigen in der Gemeinde« (1. Korinther 14,34) schon immer gerne argumentiert wurde, wenn es darum ging, Frauen mundtot zu machen. Daher entkräftet sie diese Bibelstelle mit den Worten aus dem Matthäusevangelium.

Selbstbewusst fordert sie die Gelehrten der Universität auf, ihr die strittigen Thesen Seehofers schriftlich mitzuteilen, woraufhin sie nach Ingolstadt kommen wolle, um »in Gegenwart unser dreier Fürsten und der ganzen Gemeinde mit Euch zu reden«. Da auch Jesus sich mit Frauen unterhalten habe, sollen die Professoren dies auch tun. »Auch wenn es dazu kommen sollte, wovor Gott sei, dass Luther widerruft, so soll es mir nichts zu schaffen machen. Ich baue nicht auf sein, mein oder sonst eines Menschen Verstand, sondern allein auf den wahren Felsen Christus selber.«

Bemerkenswert an diesem Brief sind auch die Gottesbilder, die Argula verwendet. Als exzellente Kennerin der biblischen Worte zitiert sie so ausgefallene Stellen wie Hosea 13,8. Hier spricht Gott von sich selber in einem weiblichen Bild, in dem er sich mit einer Bärin vergleicht, der ihre Jungen genommen sind. Ohne falsche Scheu beendet Argula ihr Schreiben mit dem Satz, dass sie kein Frauengeschwätz geschrieben habe, »sondern das Wort Gottes als ein Glied der christlichen Kirche.«

Dieser aufrührerische Akt sollte für Argula von Grumbach nicht ohne Folgen bleiben, auch wenn sie nie eine Antwort auf ihr Schreiben erhielt. Noch im selben Jahr wurde ihre Schrift gedruckt und hatte eine enorme Resonanz. Innerhalb von zwei Monaten erschien die Flugschrift in 13 Auflagen. Möglicherweise auch wegen des provozierenden Titelblattes. Die gedruckte Version des Sendbriefes ziert nämlich ein ungewöhnliches Bild: Argula von Grumbach steht als einzelne Frau mit der Bibel in der Hand einer Schar von männlichen Gelehrten gegenüber. Auf dem Boden liegen Bücher, womöglich päpstliche Dekrete. An der Hand eines Theologen baumelt bereits der Fehdehandschuh.

Flugschriften waren in den Jahren von 1520 bis 1525 das Medium schlechthin, denn bis ins 18. Jahrhundert hinein sollte es nicht wieder eine so große Zahl von Publikationen geben. Mit Flugschriften gingen sowohl Männer als auch Frauen an die Öffentlichkeit, um ihre Überzeugungen einem großen Publikum bekannt zu machen. Flugschriften waren nach der Erfindung des Buchdrucks schnell und unkompliziert herzustellen, sie kosteten ungefähr den Gegenwert eines Mittagessens und wurden von Hand zu Hand gereicht.

Wye ein Christliche fraw des adels / in Beyern durch iren/in Gotlicher schrifft/wolgegründ teenn Sendbrieffe/ die hohenschul zu Ingoldstat/ vmb das sie eynen Euangelischen Jungling/zu widerspechung des wort Gottes/betrang haben/straffet.

Auch volgent hernach die artickel/ so Magister Arsacius schoffer von Munchen durch die hohenschul zu Jngeldstat beredt am abent vnser frawe geburt nechst verschinen widderruffen vnd verwo:ffen hat.

Actum Jngeldstat. M D XXiiij.

Abb. 1
Argula von Grumbach diskutiert mit den Gelehrten der Ingolstädter Universität

Wer nicht lesen konnte, dem wurde der Inhalt der Flugschriften im Wirtshaus, auf dem Markt oder auch von der Kanzel vorgelesen. Der Höhepunkt der Veröffentlichung von Flugschriften ist in den Jahren 1521 bis 1525 zu verzeichnen. Waren es in diesen Jahren vornehmlich Laien, die sich in den theologischen Auseinandersetzungen zu Wort meldeten, sollte sich dies nach den Kämpfen des Bauernkrieges im Jahre 1525 ändern. Die Flugschriften aus

Laienfeder gehen deutlich zurück, die Diskussion liegt nun wieder vornehmlich bei den Theologen und ihren Veröffentlichungen. So nimmt es nicht Wunder, dass die Flugschriften Argula von Grumbachs just in die Anfangszeit der Reformation fallen. Allein aus ihrer Feder wurden innerhalb der beiden Jahre 1523/24 noch sieben weitere Schriften veröffentlicht, die insgesamt eine Auflage von 30.000 Exemplaren erreichten. Dabei war ihre erste Flugschrift die erfolgreichste und konnte sich mit den Auflagen Luthers und denen der »Zwölf Artikel gemeiner Bauernschaft« messen. Bis 1524 wurde ihr Sendbrief an die Universität Ingolstadt insgesamt 15 Mal nachgedruckt. Ein deutlicher Hinweis darauf wie spektakulär und ungewöhnlich dieser Schritt einer Frau in den Augen ihrer Zeitgenossen war.

Dabei hatte sie die Flugschrift gar nicht selber herausgegeben, sondern ein anonym bleibender Herausgeber war dafür verantwortlich. In seinem Vorwort stellt er Argulas Schrift in einen endzeitlichen Zusammenhang, denn »in diesen letzten Tagen« werde die Bibel nicht durch die Geistlichen ausgelegt, »sondern auch durch ander viel, Junge und Alte, Manns- und Weibsbilder.« In der Person Argula von Grumbachs werde die Prophezeiung aus dem Joel-Buch wahr, dass Gott seinen Geist über seine Söhne und Töchter ausgieße. Er vergleicht sie mit biblischen Frauengestalten wie Judith. Diese hatte, gemäß dem apokryphen Buch Judith, die Ältesten ihres Volkes belehrt und ihnen Gottes Willen ausgelegt. Um ihr Volk vor dem Übergriff der Feinde zu bewahren, schreckte sie auch nicht davor zurück, den feindlichen Fürsten Holofernes mit seinem eigenen Schwert im Schlaf zu enthaupten. Eine wahrhaft kämpferische Frau also!

Was sich wie eine Erfolgsgeschichte anhört, war für die mutige Schriftstellerin selber aber eine bittere Zerreißprobe mit ihrer Familie. Denn Argulas Ehemann teilte ihre Ansichten in keinster Weise. Bei ihrem öffentlichen Auftreten war sie bereits seit acht Jahren mit ihm verheiratet, mit seiner gut bezahlten Stelle als Pfleger stand er in Sold und Brot der bayrischen Herzöge, die alle reformatorischen Neuerungen per Dekret strikt verboten. Nun setzte sich seine Frau nicht nur über das Verbot hinweg, Luthers Schriften zu diskutieren, sondern stellte sich mit ihrem Sendbrief und seiner massenhaften Verbreitung noch öffentlich auf die Seite der neuen Glaubenslehre.

Und Argula schrieb am selben Spätsommertag 1523 noch einen zweiten Brief. Adressat diesmal: Landesherr Wilhelm IV. von Bayern. Sie legte diesem Brief eine Kopie ihres Schreibens an die Ingolstädter Universität bei und schrieb dem Herzog, den sie aus ihren Kindertagen am Münchener Hof persönlich kannte, um ihn von den Vorfällen in Ingolstadt zu unterrichten. Dieser Brief wurde von den Anhängern der Reformation als ein Reformationsmanifest großen Stils gelesen, denn u. a. befasst sich seine Autorin darin mit dem Gehorsam eines Christenmenschen gegenüber der Obrigkeit.

Nach Meinung Argulas sollen Christen jeder Obrigkeit, auch der bösen, gehorchen, da sie von Gott eingesetzt sei. Die Obrigkeit ihrerseits müsse aber auf die Grenzen achten, die ihr von der Heiligen Schrift her gesetzt sind. Daher sei sie nicht befugt, das Wort Gottes zu verbieten. Befände sich ein Christ daher in der Situation, entweder Gott oder der Obrigkeit Folge zu leisten, solle er eher Leib und Leben riskieren, als das Wort Gottes zu verleugnen. Und so zierte folgerichtig den in Druck gelangten Brief denn auch ein Wort aus der Apostelgeschichte: »Richtet ihr selber, ob es vor Gott recht ist, dass wir euch mehr gehorchen als Gott«. (Apostelgeschichte 4,19)

In ihrem Brief forderte sie von dem Herzog darüber hinaus einen selbstverantworteten Glauben, denn »es ist nicht genug, so wir sagen: Ich glaube, was meine Eltern geglaubt haben.« Da sie aufmerksam beobachtete, was um sie herum geschah, nahm sie in ihrem Brief an Wilhelm von Bayern auch Stellung zum Zölibat (»jede Frau soll einen Mann haben und jeder Mann eine Frau«), sie trennte scharf die Aufgaben des geistlichen und des weltlichen Regiments voneinander und machte deutlich, wie wichtig gut ausgebildete Prediger sind.

Dies war ein offener Widerspruch gegen die bestehenden bayrischen Dekrete. Auch Herzog Wilhelm von Bayern befand die Autorin keiner Antwort für würdig. Dafür entließ er aber umgehend ihren Mann aus dem Dienst, wohl unter Anraten und tätiger Beeinflussung durch die Universität Ingolstadt und deren Professor für Theologie, Johann Eck. Der Grund für die Entlassung Friedrich von Grumbachs: Er habe seine Frau nicht gehindert, solche Briefe zu schreiben. So verlor von Grumbach durch das eigenständige und mutige Handeln seiner Frau seine gut dotierte

Stellung und die Familie geriet durch die drakonische Strafe in finanzielle Schwierigkeiten. Da Friedrich bis zu seinem Tod 1529 ein überzeugter Katholik blieb, war das eheliche Verhältnis von nun an wohl zerrüttet. Argula schrieb über ihren Mann: »Er tut leider viel zu viel dazu, dass er Christus in mir verfolgt.«

Doch trotz dieser ehelichen Spannungen schrieb sie nur einen Monat später erneut einen Sendbrief, diesmal an den Rat der Stadt Ingolstadt. Sie spielt darin auf die vielen Anhängerinnen der Reformation in der Stadt an und schreibt, dass sie auch ihren eigenen Tod nicht fürchtet: »Ja, wenn ich allein sterbe, so werden doch hundert Frauen wider sie schreiben. Denn ihrer sind viele, die belesener und geschickter sind als ich.« Auch in diesem Brief beruft sie sich auf die Heilige Schrift. Dem Epheserbrief gemäß heißt es bei ihr: »Wer ein Christ sein will, muss, so viel er kann, denen, die Gottes Wort verdammen wollen, widersprechen, aber nicht mit Fechten, sondern mit dem Wort Gottes«. (Epheser 4,3–6)

Im Spätherbst 1523 versammelten sich die Reichsstände in Nürnberg zu einem Reichstag. Ende November reiste auch Argula dorthin, wohl um direkten Einfluss auf die Fürsten zugunsten der reformatorischen Bewegung zu nehmen. Sie wurde vom Pfalzgrafen Johann von Simmern und Sponheim empfangen, in dem sie einen Streiter für die Reformation meinte gefunden zu haben. Deshalb schrieb sie ihm umgehend mit ungebrochenem Bekennerinnenmut: »Das Wort Gottes ist am Tag, darum fürchten wir uns vor keiner Gewalt, sondern treten fröhlich und ohne Zittern für unsere Sache ein.« Auch in diesem Brief beruft sie sich auf die Worte aus dem Matthäusevangelium, sich frei zu Gott zu bekennen. Sie rät dem Pfalzgrafen: »Gebrauch dieses Bibelwort auf diesem Reichstag frei und unerschrocken, denn Gott ist mit uns.«

Am selben Tag, dem 1. Dezember 1523, wandte sie sich mit einem weiteren Brief an einen zweiten Landesherrn, den Kurfürsten Friedrich von Sachsen, der in seinem Territorium schützend die Hand über Martin Luther und seine Anhänger hielt. Der in diesem Brief angeschlagene Ton ist kämpferisch und stellt gewissermaßen einen aus Bibelstellen bestehenden Ruf zum Streit dar: »Lasst sie Euer Kurfürstliche Gnaden toben und wüten. Es ist doch ohne Kraft. Der Fels wird sie zerknirschen und zu Grund stürzen.« Zu ihren politischen Hoffnungen schreibt sie, »möge das Wort Gottes

Abb. 2
Schaumünze mit
einem Portrait Argula
von Grumbachs

den Armen wieder gepredigt und nicht alles elendiglich mit Gewalt durch heidnische Fürsten verboten werden.«
Aber Argulas Hoffnungen auf die Fürsten und ihr politisches Eintreten für die reformatorische Bewegung wurden enttäuscht. Des-
illusioniert schrieb sie als scharfe Beobachterin des Treibens beim
Nürnberger Reichstag: »Wenn man aber so viel Fleiß auf Gottes
Wort legen würde wie auf Essen, Trinken, Bankett halten, Spielen,
Plaudern und Anderem würde es bald besser ... Ich habe es selber
zu Nürnberg gesehen, ein solch kindisches Wesen der Fürsten, das
mir zeit meines Lebens vor Augen sein wird.«
    Auch von Seiten ihrer Verwandtschaft geriet sie zunehmend
unter Druck, denn ihr Verhalten, dem schon die berufliche Kar-
riere ihres Mannes zum Opfer gefallen war, löste auch in der üb-
rigen Familie Ängste aus. Und so rechtfertigte sie ihr Handeln in
einem Schreiben an ihren Vetter Adam von Törring, der vorge-
schlagen hatte sie »zu vermauern«, also wegzusperren. Auch ihm
sandte sie zur eigenen Urteilsfindung eine Kopie ihres Sendbriefes
an die Universität Ingolstadt. Sie legitimiert ihr Verhalten in diesem Brief durch die Taufe, durch die jeder Christ zu einem selbstverantworteten Glauben verpflichtet sei. Ganz reformatorisch argumentiert sie: Für jeden einzelnen Christen sei es nötig, die Bibel
selber zu lesen; nur so sei Gottes Wille zu erfahren, um vor dem
Endgericht zu bestehen.

1524 verfasste Argula noch zwei weitere Schriften: Einen Sendbrief an den Rat der Stadt Regensburg und eine in Reimen verfasste Antwort auf das anonyme Schmähgedicht eines Ingolstädter
Studenten. Dieser hatte sie öffentlich in derben Knittelversen als
Frau verhöhnt, hatte aber anscheinend nicht den Mut sich mit Namen kenntlich zu machen. Dieses Spottgedicht wurde gedruckt
und als Flugblatt veröffentlicht. Einige der Strophen machen deutlich, was eine Frau zu erwarten hatte, die sich entgegen der gesellschaftlichen Konventionen öffentlich zu religiösen und politischen
Fragen zu Wort meldete.

Frau Argel arg ist euer Nam,
viel Ärger, dass ihr ohne Scham,
und alle weiblich Zucht vergessen,
so frevel seid und so vermessen.
Dass ihr euer Fürsten und Herren,
erst wollt ein neuen Glauben lernen
und euch daneben untersteht
eine ganze Universität
zu strafen und zu verschumpfieren

Dass ihr nicht sollt disputieren,
sondern das Haus daheim regieren.
Und in der Kirchen schweigen still,
sehet nur meine liebe Sybill
Wie ein frech und wild Tier ihr seid,
und ihr dünkt euch so gescheit …

Ich merk erst was dich wohl behagt
An Luthers Lehr und seinen Worten
Dass er auch Weibern öffnet die Pforten
Der Unzucht und der Büberei …
Daher kommt auch dein groß Mitleiden
Und gefällt dir vielleicht an der Schneiden
Arsacius im krausen Haar
Ein Jüngling von achtzehn Jahr …

So stell ab dein Mut und gut Dünkel
und spinn dafür an einer Kunckel
oder strick Hauben und wirk Borten
Ein Weib soll nicht mit Gottes Worten
Stolzieren und die Männer lehren …

Argula antwortete sofort auf diesen Frontalangriff ihrer Integrität als Frau. Hatte der anonyme Verfasser ihr doch ebenfalls unterstellt, ihr gefalle an Arsacius Seehofer wohl mehr sein schönes dunkles Haar als dessen Glaube.

Ihre Antwort verfasste sie ebenfalls in Strophenform und gab damit ein weiteres Zeugnis ihrer schriftstellerischen Begabung. Sie fordert den anonymen Schreiberling auf, sich zu erkennen zu geben, damit sie öffentlich mit ihm diskutieren könne. Ganz bibelfest erläutert sie ihm weiter, dass sowohl Männern wie Frauen der Geist Gottes verheißen sei. Da ihre Gegner das Wort Gottes verdrehten und Gott sogar lästerten, habe sie begonnen öffentlich aktiv zu werden.

> Auf einen Tag, der euch gefällt
> Hab ich geirrt, dasselb erzählt.
> So ihr mir Gottes Wort herbringt
> Folg ich, wie ein gehorsam Kind.
> Zeigt mir mein Irrsal redlich an
> Wie sich gebührt einem Christenmann …

> Gar oft hat einer sich vermessen
> Er wollt mich auf der Kanzel fressen
> So ich ihm unter Augen kam
> Gar wenig Schrift von ihm vernahm
> Sag ich, teilt mir euer Weisheit mit
> So kommen's mit der Gunkel her
> Das ist gar fast ihr aller Lehr …

> Will ich es gar nicht unterlassen,
> zu reden im Haus und auf der Straßen.
> So viel mir Gott Gnad drin gibt
> Will ich's teilen meinem Nächsten mit
> Paulus mir's nicht verboten hat.

Selbstbewusst stellt sie sich in eine Reihe mit den alttestamentlichen Frauen Judith und Deborah, die ebenfalls durch Gott Gesandte gewesen seien. Sie weiß, wie sie schreibt, sich zwar ihrem Mann zum Gehorsam verpflichtet, aber dieser Gehorsam höre in Bezug auf den wahren Glauben auf. Dieses Antwortschreiben auf das Schmähgedicht ist die einzige Veröffentlichung, die Argula selber in Auftrag gab.

Stolz konnte Argula von Grumbach jedoch sein, dass Martin Luther ihren Einsatz für den jungen Gelehrten Arsacius Seehofer nicht nur guthieß, sondern seinem Freund, dem Königsberger Prediger Johannes Briesmann, im Februar 1524 Folgendes über sie schrieb: »Der Herzog von Bayern wütet über die Maßen, mit aller Macht das Evangelium zu unterdrücken und zu verfolgen. Die edle Frau Argula von Stauff kämpft in jenem Land schon einen großen Kampf mit hohem Geist und erfüllt von dem Wort und der Erkenntnis Christi. Sie ist es wert, dass wir alle für sie bitten, dass Christus in ihr triumphiere. Sie ist ein besonderes Werkzeug Christi, ich befehle sie Dir, damit Christus durch dieses schwache Gefäß jene Mächtigen, die sich ihrer eigenen Weisheit rühmen, in Verwirrung bringe.«

In ihrem ebenfalls 1524 verfassten Sendbrief an den Rat der Stadt Regensburg ermahnte Argula den Bürgermeister und die Ratsherren, an dem neuen Glauben festzuhalten. »Liebe Brüder«, heißt es, »seid eingedenk, dass Euch Gott zu Hütern und Aufsehern gesetzt hat, nehmet wahr der Seelen in Eurem Gebiet, nicht mit Gold und Silber erkauft, sondern mit einem teuren Wert des rosenfarbenen Blutes des Herrn Christus. Es ist Zeit aufzustehen vom Schlaf, denn unser Heil ist näher, denn da wir gläubig wurden. Lasst uns ritterlich wider die Feinde Gottes kämpfen, er wird sie erschlagen mit dem Hauch seines Mundes. Das Wort Gottes muss unser Waffen sein – nicht mit Waffen dreinzuschlagen, sondern den Nächsten zu lieben und den Fried untereinander zu haben … Es ist Zeit, dass die Steine bei uns schreien.«

Nach diesem letzten Schreiben endet die publizistische Tätigkeit Argula von Grumbachs. Nur ein gutes Jahr lang hatte sie versucht, durch ihre selbstbewussten und mutigen Schriften für die reformatorische Sache zu streiten. Die Erklärung für ihr Verstummen ist wohl zum einen in der allgemein ungünstigen Situation für Protestanten in Bayern zu finden, blieben die Herzöge doch auch weiterhin der neuen Lehre gegenüber feindlich gesinnt. Zum anderen hatte Argula sich als Frau an den Auseinandersetzungen um den Glauben beteiligt. Wie an den Reaktionen deutlich wurde, fand man sie entweder gar keiner Antwort für würdig oder verspottete sie öffentlich. Ihren Ehemann konnte sie nicht für die evangelische Sache gewinnen, in der eigenen Verwandtschaft wurde sie offen angefeindet. Darüber hinaus befand sich die Familie in finanziellen Schwierigkeiten, da ihr Mann für ihr mutiges Handeln drakonisch bestraft worden war.

Die folgenden Jahre wird sie daher damit beschäftigt gewesen sein, das noch verbliebene Hab und Gut zusammenzuhalten und ihren Kindern eine gute Ausbildung zu ermöglichen. Als 1527 in Bayern die ersten Scheiterhaufen brannten, zog sie in das protestantische Nürnberg. Ihren ältesten Sohn Georg schickte sie zwei Jahre später nach Wittenberg zu Philipp Melanchthon, in dessen Haus er während seiner Studienzeit lebte. Als Martin Luther 1530 während des Augsburger Reichstages auf der Feste Coburg Unterkunft fand, kam es nach vielen Jahren reger brieflicher Kontakte zu einer persönlichen Begegnung mit Argula von Grumbach. Aber auch wenn Luther sie eine »Jüngerin Christi« nannte, so hat doch auch er nie öffentlich zu ihren Gunsten in den Streitigkeiten mit der Ingolstädter Universität Stellung genommen. Obwohl er ihre Schriften kannte und selber eine Stellungnahme zu den Vorkommnissen abgab, schwieg er in dieser Auseinandersetzung. Frauen als ebenbürtige Gesprächspartnerinnen, womöglich gar als Predigerinnen des Wortes Gottes, das lag außerhalb der Vorstellungswelt des Reformators. Und so liegt viel bittere Wahrheit in dem Deckblatt der ersten gedruckten Flugschrift, die Argula von Grumbach verfasste. Eben jenem Schreiben an die Universität von Ingolstadt, mit dem sie sich so mutig in die öffentliche Debatte einschaltete: Eine einzelne Frau steht mit der Bibel in der Hand männlichen Gelehrten allein gegenüber.

Nach dem Tod ihres ersten Mannes Friedrich von Grumbach heiratete Argula 1533 einen Protestanten, Graf Schlick von Passau, wurde aber bereits kurz darauf erneut Witwe. Zumindest mit einem ihrer Söhne hatte sie zeitweilig Probleme. In einem Brief aus dem Jahr 1538, geschrieben kurz nach Ostern, heißt es:

Gnad und Fried mit Dir, lieber Sohn. Ich habe aus deinem Schreiben und vormals von den Leuten die Handlung, so zu Burggrumbach geschehen, mit großem Erschrecken vernommen und mich sehr darum bekümmert und noch klag ich's Gott, dass ich so ungehorsame Kinder getragen und an meiner Brust ernährt und mit großer Sorg, Kosten und Angst aufgezogen habe. Gott wollt, dass du dich bekehrst und hinfortan besserst. Amen. Dieweil du aber mir jetzt schreibst, dir zu verzeihen und dich erbietest, wolltest dich gehorsam halten, will ich dich noch diesmal, so du dich anders nach meinem Befehl und Zucht hältst, annehmen und zusehen, damit die Sach vertragen (= beigelegt) werde. Darum so mach dich von Stund an her heim. Doch wollest du nicht kommen, du nehmest denn zuvor zu Nürnberg das Sakrament und geht zuvor zu Doktor Osiander, klag ihm dein Anliegen und Sach wahrhaftig. Der weiß dir in deiner Konscienz (= Gewissen) wohl einen Rat zu geben, er weiß voraus um die Sach und hüt dich bei Leib, dass du keinem Menschen nichts sagest, vertrau niemand und behalts aufs geheimste. So du dann das Sakrament empfangen hast, so heiß dir Osiander einen Zettel geben, sonst glaube ich dir nicht. Rechen auch alle Sach, was du verzehrt hast und was man vormals bei ihm aufgeschlagen mit dem Wirt ab und dass der Wirt alles unterschiedlich aufschreib, das bring mit dir her. Sag dem Gottfried, dass er fleißig studier und beim Lernen bleib und nicht in der Stadt oder in Wirtshäusern hin- und herlauf, dass er auch fleißig die Predigt merk und wahrhaftig züchtig, getreu und fromm bleib. Damit sei Gott in seiner Gnade befohlen.

Ein Jahr darauf verstarb ihre Tochter Apollonia, wenige Monate später auch ihr Sohn Georg. 1544 verlor sie ihren zweiten Sohn Hans Georg, bevor sie selber zehn Jahre später im Schloss Zeilitzheim bei Schweinfurt starb. Nur Gottfried überlebte seine Mutter. So ist wohl auch die Inschrift einer Münze zu verstehen, auf deren Vorderseite ein Portrait Argula von Grumbachs zu finden ist: »Verlogen und neidisch Zungen haben mich zu Leid und Schmerz gedrungen.« Ein bitteres Resümee für eine mutige Streiterin, die als erste Frau öffentlich durch eigene Publikationen für die Reformation Partei ergriff und sich nach einem Jahr reger schriftstellerischer Tätigkeit nicht wieder zu Wort gemeldet hatte.

Die bayrische Landeskirche hat jedoch vor einiger Zeit eine Stiftung nach ihr benannt. Ziel der Argula von Grumbach-Stiftung ist es, die Gleichstellung von Frauen und Männern in der Landeskirche zu fördern sowie die Auseinandersetzung mit Geschlechterfragen im gesellschaftlichen und kirchlichen Kontext zu unterstützen. So schreibt die Stiftung den Argula von Grumbach-Preis aus, der in jeweils ausgewählten Bereichen die Leistungen insbesondere von Frauen in der Evangelisch-Lutherischen Kirche in Bayern sichtbar machen und dokumentieren soll. Nach allem, was wir von dieser mutigen Kämpferin nicht nur für die Reformation, sondern auch für die Stimme der Frauen wissen, ist dies sicherlich ganz in ihrem Sinne.

Geboren
1492 auf der Burg Ehrenfels in Franken als Argula von Stauff

Gestorben
1554 im Schloss Zeilitzheim bei Schweinfurt

Leben
Mit Flugschriften setzte sie sich als erste Frau für die Reformation ein und veröffentlichte in den Jahren 1523/24 zahlreiche Schriften. Mit ihren Publikationen erreichte sie hohe Auflagen.

Werke
Insgesamt sieben Flugschriften, u. a. »Wye ein Christliche fraw des adels / in Beyern durch iren / in Gotlicher schrifft / wolgegrundtenn Sendtbrieffe / die hohenschul zu Ingolstadt / um das sie eynen Euangelischen Jungling / zu widersprechung des wort Gottes / betrangt haben / straffet« von 1523

Ursula Weyda

Eine Frau wirft den Fehdehandschuh

Ich weiß wohl, das spöttisch / und für gering Wert angesehen / das sich ein Weibsbilde untersteh, solch große Hansen zu strafen / die antworten werden / wie etwa die stolzen Pharisäer zum Blinden sagten Johannes 9: Wiltu uns lehren? Wiltu Du eine fremde Sach verantworten, welche dich nit belangt? Aber was gehet mich ihre Widerrede an / mir wär von Herzen leid / wenn der fromm christlich Luther sein Zeit nicht nützlicher sollt zubringen / denn solchen Eseln zu antworten / Darzu so weiß ich das Christus gleich als wohl zu mir / als zu allen Bischöfen gesagt hat / Matthäus 10: Wer mich bekennt vor den Menschen / den will ich auch bekennen vor meinem Vater / der in Himmel ist / der aber mein Wort verleugnet vor den Menschen / den will ich auch vor meim Vater verleugnen.

Ursula Weyda in ihrer Flugschrift von 1524

Wir schreiben das Jahr 1524: Sieben Jahre ist es her, dass 1517 in Wittenberg der Augustinermönch Martin Luther seine 95 Thesen gegen den Ablasshandel der römisch-katholischen Kirche veröffentlicht hat. Viele umstürzende Prozesse sind dadurch in Gang gesetzt worden. Luther steht unter dem Bann des Papstes und der Reichsacht, seine Schriften sind offiziell verboten, manches von ihm öffentlich verbrannt worden. Im Gegenzug verbrennt Luther ebenfalls öffentlich die Bulle des Papstes und das kanonische Recht. Den Aufenthalt auf der Wartburg, auf die ihn Kurfürst Friedrich von Sachsen zu seinem eigenen Schutz hat bringen lassen, da Luther durch die Reichsacht vogelfrei ist, hat dieser genutzt, um das Neue Testament ins Deutsche zu übersetzen. 1522 ist Luther eilig nach Wittenberg zurückgekehrt, denn er befürchtet, dass die Neuerungen zu radikal und kompromisslos eingeführt werden und alles ihm entgleitet. Die Auseinandersetzungen mit den katholischen Gegnern haben an Schärfe noch einmal zugenommen und auch mit den sogenannten »Schwärmern« gibt es theologischen Streit. Luther sind die Veränderungen, die Andreas Bodenstein, genannt Karlstadt, und vornehmlich Thomas Müntzer, frühere Mitstreiter Luthers und nun mit ihm im Streit liegend, predigen zu radikal. Thomas Müntzer wird 1525 aktiv in den Bauernkrieg eingreifen und auf Seiten der Aufständischen, die u. a. die Aufhebung der Leibeigenschaft fordern, in der Schlacht von Frankenhausen kämpfen und später hingerichtet werden. Wir befinden uns also in einer Phase der Reformation, die durch zahlreiche Auseinandersetzungen, Konfrontationen und gegenseitige Anwürfe gekennzeichnet ist.

In diese Atmosphäre des öffentlichen Streits greift auch eine Frau couragiert mit einer von ihr veröffentlichten Druckschrift ein. Ursula Weyda muss so um die 20 Jahre alt sein, als sie 1524 mit einer Streitschrift Stellung nimmt gegen den Abt von Pegau und seine Mönche. »Wider das unchristlich Schreiben und Lesterbuch / des Abts Simon zu Pegau und seiner Brüder« titelt sie ihre Flugschrift, mit der sie sich im Streit der Männer zu Wort meldet. Um sich gleich darauf als Absenderin kenntlich zu machen und gewissermaßen mit offenem Visier in den Streit einzutreten: »Durch Ursula Weydin Schösserin zu Eyssenbergk / Ein gegründe christlich Schrift göttlich Wort und ehelich Leben belangende.«

Ursulas Schrift ist selbstbewusst von Anfang an für die Öffentlichkeit und damit für den Druck bestimmt. Sie bezeichnet sich als »Schösserin zu Eyssenbergk« was nichts anderes bedeutet, als dass sie die Frau eines Verwaltungsbeamten ist. Johannes Weyda, ihr Mann, steht nämlich im Dienst des Herzogs Johann von Sachsen-Altenburg. Zur Zeit der Abfassung der Flugschrift seiner Frau Ursula ist er offensichtlich herzoglicher Schösser des Amtes Eisenberg in Thüringen, einer kleinen Stadt, gelegen zwischen Jena und Zeitz.

Ursula Weyda löst mit ihrem Schreiben weitere Streitschriften aus, denn ihre Flugschrift ist das zweite Glied in einer Kette von insgesamt vier Veröffentlichungen. Die Teilnehmer an der theologischen Fehde in Sachsen-Altenburg sind zum einen der Abt des Klosters Pegau, der mit seinem »Buchlein« am Beginn der Auseinandersetzungen steht. Zu Anfang des Jahres 1524 veröffentlicht, wirft er darin Luther »und seins anhangs« vor, dass sie zum

Verderben von Land und Leuten predigen und handeln, denn sie seien verantwortlich für Aufstände, den Verfall der Kirchen und Klöster, das Elend der Bildschnitzer, den Niedergang der Universitäten, den wirtschaftlichen Verfall vieler Städte sowie die allgemeine Missachtung von Recht, Ordnung und Gesetz. Daraufhin veröffentlicht Ursula Weyda nur wenige Monate später im Sommer desselben Jahres ihre Gegenschrift, in der sie zum Wesen des göttlichen Wortes, der Kirche sowie zum Zölibat und der Ehe Stellung nimmt. Ein anonymer Verfasser, der sich Henricus nennt, sieht sich daraufhin herausgefordert zu einer Antwort auf das »unchristlich Lesterbuch« Ursulas. In dieser Flugschrift verunglimpft er nicht nur sie als Frau, sondern mit ihr auch gleich die neuen evangelischen »Weybern« allgemein, im besonderen Argula von Grumbach, deren öffentlich ausgetragener Streit mit der Universität Ingolstadt bis nach Thüringen gedrungen war. Diese anonyme Schrift provoziert wiederum eine vierte Flugschrift, ebenfalls von einem Autor, der sich nicht mit Namen kenntlich macht. Er nimmt darin die couragierte Autorin Ursula Weyda und ihren Mann Johannes in Schutz und unterstellt dem Abt von Pegau, seine Schrift nicht selber verfasst zu haben, da von ihm die Rede ginge, er könne nicht einmal einen Brief schreiben. Ursula Weydas Streitschrift hat im thüringisch-obersächsischen Raum also den öffentlichen Disput mitgeprägt und Wirkung gezeigt.

Was genau ist nun in dieser Streitschrift zu lesen? Denn immerhin wirft hier eine Frau bewusst den Fehdehandschuh, indem sie mit persönlichen Schmähungen ihres Gegners, des Abtes Simon von Pegau, nicht zimperlich ist. In einer Vorrede wendet sich die Autorin ganz bewusst an »den christlichen Leser« und nimmt direkt Bezug auf das Schreiben des Klosterabtes, ein »Lesterbuch«, wie sie schreibt. Denn, so Ursula, der Abt verleugne darin nicht nur Gottes Wort, sondern verleumde auch alle, die Christus wahrhaft folgen wollten. Er bezeichne alle, die die lutherische Lehre annehmen würden als vom Glauben Abgefallene, Abtrünnige, Meineidige und Verlaufene. Wüsste sie nicht, dass dieses Schreiben aus der Feder des Abtes komme, so »gedacht ich ein halbsinniger Mensch / guter Bierbruder / oder sonst ein unverschämter Eselskopf / als er denn auch ist / het es erdicht.« Abt Simon ist für Ursula intellektuell eigentlich nicht satisfaktionsfähig, denn sie sieht in ihm einen Eselskopf, der nicht ernst zu nehmen ist. Aber da sie Luther und mit ihm alle Christen angegriffen sieht, stellt sie sich dem Kampf, in dem sie nicht nach eigenem Gutdünken, sondern allein auf Grundlage der Heiligen Schrift argumentieren will. Nicht mehr der päpstlichen Kirche und »alter Gewohnheit« sei zu folgen, allein dem Schriftprinzip und dem »reinem göttlichen Wort« gilt in guter reformatorischer Argumentation ihre Aufmerksamkeit.

Ursula Weyda muss bereits vor dem Sommer 1524 die theologischen Auseinandersetzungen zwischen Luther und seinen Gegnern engagiert und kenntnisreich verfolgt haben. Denn sie nimmt in ihrem Schreiben ausdrücklich Bezug auf Johannes Eck und Hieronymus Emser. Mit Eck, einem der bedeutendsten Gegner Luthers, hatte sich ein Jahr zuvor bereits Argula von Grumbach in ihrem Sendschreiben an die Universität Ingolstadt, dessen Rektor Eck war, auseinandergesetzt. Hieronymus Emser stand zunächst – wie Eck – Luther durchaus nahe, aber schon zu Beginn der 1520er Jahre kühlte sich das Verhältnis ab und beide befehdeten einander mit Streitschriften. Von der lutherischen Seite wurde Emser, der auf seine Herkunft recht stolz war und seine Schriften mit dem Familienwappen eines gehörnten Ziegenbocks zierte, nur noch als »Bock Emser« verunglimpft. Hierauf bezieht sich in Ursulas Streitschrift ihr Seitenhieb auf Emser: »Sihestu nit das der Bock sein Hörner verstossen hat und nichts mehr denn blecken kann / das macht das ihm Salz in Mund geben wird / sonst wär er längst auch stumm worden.« Dieses Bild vom Bock nimmt wiederum der anonyme Verfasser Henricus, der gegen Ursulas Streitschrift polemisiert, auf, um auf sexuell anzügliche Weise die evangelischen Frauen zu diffamieren. Er schreibt:

Ich halt die neuen evangelischen Weibern wollten auch gern Salz lecken … / derhalben müssen sie auch Buchlein schreiben und darin loben / verlaufen Mönche / abtrünnige Pfaffen / … die ihre Hörner noch nit verstossen hetten / die wären gute / das sie ihren Verfechterinnen Salz zu lekken geben / wo bleibt nun dein Gespan Argula von Grumbach / die wollt ganz die Universität vertilgen / um eins Jünglings willen / Gott weiß wohl warum … Eine schreibt wider das Collegium / die andere wider den Abt und seine Brüder zu Pegau / wer weiß was diesen zwei Schwestern mangelt.

Um sich als weibliche Autorin von vornherein zu rechtfertigen, stellt Ursula Weyda ihrer Flugschrift ein biblisches Zitat voran.

Wyder das vnchristlich schreyben vñ
Lesterbüch / des Apts Simon zü Pegaw vnnd seyner
Brüder. Durch Vrsula Weydin Schösserin zü
Eyssenbergk / Eyn gegründt Christlich
schrifft Göttlich wort vnnd Ehe-
lich leben belangende.

Joelis.2.

Es sol geschehen in den letzten tagen spricht Gott / Ich wil
außgiessen von meynem Geyst auff alles fleysch / vnnd
ewre Jüngling sollen gesicht sehen / Vnnd ewere
Töchter sollen weyssagen / Vnd auff meyn
knechte / vnnd auff meyne meyde will
ich in den selbigen tagem vonn
meynem Geyst außgiessen /
vnnd sie sollenn weys-
sagenn.

Anno Domini: Tausent fünffhundert vnd
Vier vnd Zweyntzgk.

Abb. 3
*Titelblatt der Flugschrift Ursula Weydas mit einer Weissagung aus
dem Alten Testament*

»Es soll geschehen in den letzten Tagen spricht Gott / Ich will ausgiessen von meinem Geist auf alles Fleisch / und eure Jünglinge
sollen Gesichter sehen / und eure Töchter sollen weissagen / und
auf meine Knechte / und auf meine Mägde will ich in den selbigen Tagen von meinem Geist ausgiessen und sie sollen weissagen.«
(Joel 3,1–2) Als Frau wie auch als Laientheologin fühlt sie sich be-

rufen und legitimiert die Heilige Schrift auszulegen und mit ihr zu argumentieren. Und so finden sich in ihrem Schreiben nicht weniger als 79 Bibelzitate aus dem Alten und dem Neuen Testament, mit denen sie kompetent und kenntnisreich ihre Meinung begründet.

Wo und wann sie ihre Bildung und ihr theologisches Wissen erworben hat, ist ungewiss. Über ihre Herkunft ist lediglich bekannt, dass sie eine geborene von Zschöpperitz ist und in Altenburg um das Jahr 1504 zur Welt kam, einer Stadt zwischen Leipzig und Zwickau. Ihrem Vater Heinrich von Zschöpperitz gehörten mehrere Güter und für seine Verdienste beim Herzog wurde er von diesem mit einem besonderen Status seines Besitzes in Altenburg belohnt. Über ihre Mutter Apollonia ist überliefert, dass sie nach dem Tod ihres Mannes Heinrich in die Dienste des Altenburger Hofes getreten war. Kurfürst Johann belehnte sie mit Gartenland, so dass ihr Lebensunterhalt gesichert war. In der Stadt war sie darüber hinaus für ihre Wohltätigkeit bekannt.

Auf welchem Weg Ursula Weyda Kontakt zur reformatorischen Lehre erhielt, ist ebenfalls nicht bekannt. Ihr Elternhaus in Altenburg lag nur unweit der St. Bartholomäus-Kirche, die das reformatorische Zentrum der Stadt war. Hier war seit 1522 ein Freund Luthers, Wenzeslaus Linck, als Pfarrer tätig und wurde hier von Luther selber im Jahr 1523 getraut. Auch war Ursulas Mann Johannes der Reformation sehr zugetan und setzte sich aktiv für sie ein. So heißt es in dem besagten Brief des anonymen Schreibers Henricus, der auf Ursulas Flugschrift hin sich zu Wort meldet: »Unter ihnen ist einer … / nämlich der Schosser von Eyssenbergk / welcher seine Pfaffen alle Weiber gibt / oder ihnen die Pfarr nehmet / ein solchen Regenten / soll man über Sauen setzen / und nit über Christenmenschen.«

Ausführlich geht Ursula in ihrer Gegenschrift zum Buch des Abtes von Pegau auf das Wesen des göttlichen Wortes, der Kirche sowie das Zölibat ein. So schreibt sie über die Beziehung von Gottes Wort und Kirche: »Denn allein auf das göttliche Wort / durch den Glauben wird gebaut die Kirche Gottes / und darinnen vom Heiligen Geist erhalten« und weiter »Die Kirche aber welche gewisslich den Heiligen Geist hat / ist ein geistlicher Leib … welche nicht gesehen werden mag sondern geglaubt wie unser Glaube sagt: Ich glaube ein heilige christliche Kirche Gemeinde der Heiligen.«

Der katholischen Kirche wirft sie dagegen vor, dass sie nicht auf Gottes Wort gebaut sei, »sondern ganz auf menschlich Gutdünken / Fürgeben / und Sand gesetzt«. In der Kirche solle allein Gottes Wort gepredigt werden »ohn allen Zusatz«, so wie allgemein zu gelten habe »allein die Schrift«, denn nur sie gebe Zeugnis von Jesus Christus. Über die Rechtfertigung allein aus dem Glauben schreibt sie: »Alle sein wir durch Christus gerechtfertiget / denn er ist unser Gerechtigkeit / Heiligkeit / und Erlösung ... Die Gerechtigkeit Gottes kommet durch den Glauben Jesu Christi«. Dem Abt hält sie vor, dass er sich mit guten Werken Gottes Gnade erkaufen wolle, was ein »verkehrt Weis« ist.

Ihre Kritik an der katholischen Kirche entzündet sich aber nicht nur an theologischen Überlegungen. Ursula schildert vielmehr auch die Missstände, mit denen sich aus ihrer Sicht die Kirche gesellschaftlich diskreditiert hat, indem sie den Mönchen vorhält, mit ihrem Besitz nicht redlich umzugehen und der Völlerei verfallen zu sein. Sehr ironisch kann sie im Disput mit Abt Simon sagen: »So närrisch ungelehrt Ding gibestu vor / das ich acht es wird ein Sprichwort werden / bei jedermann / über all die närrische Ding ... und man wird pflegen zu sagen / Wenn es gleich der Abt zu Pegau getan het / so wäre es ja närrisch genug.« Und sie spart nicht mit Schmähungen gegen ihn, wenn sie ihm über sein Buch attestiert: »darinnen du reichlich deinen Unverstand an Tag gibst / wie du in der Schrift ja als wenig weisst als ein grober unbehauener Klotz / hastu doch die Schrift durchwühlet als ein unflätige Sau.«

Was in unseren Ohren wie eine grobe Beleidigung klingt, war zur Zeit der Glaubenskämpfe des 16. Jahrhunderts allerdings noch ein moderater Ton. Ursula wird an keiner Stelle vulgär in ihrer Ausdrucksweise und mit »Esel, Bock, Hund, Wolf, Maul« überschreitet sie nie die untere Grenze der für ihre Zeitgenossen üblichen drastisch-derben Ausdrucksweise in Streitschriften. Da wusste Luther andere Worte einzusetzen, wenn er von »Blutsäufern, Gewürm, blutdürstigen Bauern und Mordpropheten« sprach. Thomas Müntzer gebrauchte in seinen Schriften die Bilder von wahnsinnigen, wollüstigen Schweinen und Mastsäuen, um seine Gegner zu diffamieren.

Der zweite große Komplex der polemischen Flugschrift aus Ursulas Feder ist dem Zölibat gewidmet und der neuen evangelischen

Lehre über den Stand der Ehe. 1522 hatte Martin Luther seine Schrift »Vom ehelichen Leben« veröffentlicht und mit ihr die Ehe enorm aufgewertet. War bis dahin in der Kirche des Mittelalters dem Mönch bzw. der Nonne der höchste religiöse Status beschieden gewesen, da sie keusch zu leben gelobt hatten, proklamierte Luther nun das Gegenteil. Aus den Worten der Schöpfungsgeschichte »Seid fruchtbar und mehret euch« (1. Mose 1,28) folgerte er: »Aus dem Spruch sind wir gewiss, das Mann und Weib sollen und müssen zusammen, dass sie sich mehren … Denn es ist nicht eine freie Willkür oder Rat, sondern ein nötig natürlich Ding, dass alles, was ein Mann ist, muss ein Weib haben, und was ein Weib ist, muss ein Mann haben.« So ist nach lutherischer Auffassung die Ehe die erste, von Gott geschaffene gesellschaftliche Ordnung. Ursula Weyda argumentiert ganz auf der Linie Martin Luthers, wenn sie schreibt: »Wie kann ich Keuschheit geloben so es doch nicht in meinem Vermögen stehet zu halten / wie Christus der Mund der Wahrheit selbst sagt Matthäus XIX das niemand begreifen mag keusch zu leben denn welchen es von Gott übernatürlich geben wird.« Und sie fährt in ihrem Beweis aus der Bibel fort: »Denn / wie die Schrift sagt und die Erfahrung zu verstehen gibet / dass der Mensch von Gott geschaffen sei / nicht Keuschheit zu halten / sondern sich mehren und mannigfaltig werden.«

Keuschheit ist ihrer Auffassung nach nicht von Menschen zu geloben, sondern wird allein von Gott geschenkt und gewirkt. Daher gelten auch die klösterlichen Keuschheitsgelübde nichts und sie ermuntert Mönche und Nonnen in Bezug auf ihr Gelöbnis zur sexuellen Enthaltsamkeit, »wenn ich erkenne nachmals mein Irrtum / mag ich frisch dreingreifen und solch Gelöbnis auflösen / und nicht schuldig werden.« Vielmehr sollen sich alle Christen an das halten, was sie durch die Taufe empfangen haben:

»Und halt dich wieder zu deinem ersten Gelöbnis / das du Gott in der Tauf gegeben hast / das ist Gott anzuhangen / seinen Worten zu folgen / werde dazu ehelich / wie dich Gottes Wort lehrt / und du zum ersten in der Tauf zu halten gelobet hast / Schilt man dich hierüber Buben / oder eine Bübin / meineidig / abtrünnig / So acht solch Geplärr gar nicht / so auch Leiden daraus folgen würden / So leide was zu leiden ist / ist besser gelitten / und totgeschlagen zeitlich / denn ewig zum Teufel fahren.«

Diese polemische Streitschrift, verfasst dazu noch von einer Frau, die mit Schmähungen des Gegners nicht spart, musste Widerspruch hervorrufen. Und so ließ eine Gegenschrift nicht lange auf sich warten. Der schon erwähnte anonyme Schreiber, der sich nur Henricus nennt, verweist Ursula und die in einer Vorrede ebenfalls angesprochen Leser darauf, dass Frauen in öffentlichen Angelegenheiten zu schweigen hätten und es daher der Weyda gar nicht zustehe, sich überhaupt zu äußern. Mit den einschlägigen Bibelstellen aus 1. Timotheus 2,12 (»Einer Frau gestatte ich nicht, dass sie lehre, auch nicht, dass sie über den Mann Herr sei, sondern sie sei still«) und 1. Korinther 14,34 (»Wie in allen Gemeinden der Heiligen sollen die Frauen schweigen in der Gemeindeversammlung; denn es ist ihnen nicht gestattet zu reden, sondern sie sollen sich unterordnen, wie auch das Gesetz sagt«) bestreitet er ihr schlichtweg das Recht, sich öffentlich zu Wort zu melden. Die evangelischen Frauen werden allgemein diffamiert, ein Seitenhieb trifft Ursulas Mutter, ein anderer ihren Mann.

Hierauf wiederum erscheint eine Verteidigungsschrift für Ursula Weyda, in der ebenfalls ein Anonymus Ursula und ihr Vorgehen in Schutz nimmt und eigene Standpunkte über Kirche, Ehe und Zölibat darlegt. Der Verfasser dieses Schreibens nennt den anonymen Henricus, gegen den er argumentiert, spöttisch nur »Heinz Pfeiffer«. In einem letzten Abschnitt wendet sich auch diese Schrift an den Leser und resümiert:

Aus dieser kurzen Schrift kannstu merken / den Grund des Büchlein so die Schösserin wider den Abt gestalt hat / und wie ohn Ursach ja fälschlich dieses christliche Weib von Heinz Pfeiffer ein Ketzerin gescholten wird / dass er doch nicht beweisen wird können und wahr machen / wenn er gleich töricht würde. Auch wie Heinz Pfeiffer die Schrift einführt das Jammer ist / Gott gebe uns allein seine Gnade und sein Selbsterkenntnis. Amen.

Diese Flugschrift ist das letzte Glied in der Kette der insgesamt vier Schriften, die sich aufeinander beziehen, polemisch miteinander streiten und argumentieren um den rechten Weg zum Verständnis der Bibel, aber auch zum Wesen der Kirche und dem Stellenwert der Ehe.

Die Flugschrift Ursula Weydas ist dabei das einzige Schriftstück, das von ihr überliefert ist. Aus ihrem weiteren Leben nach

1524 ist nicht Vieles bekannt. 1541 stirbt ihr Mann Johannes und hinterlässt seine kinderlose Frau ohne große finanzielle Mittel. Franz Behm, der mit Johannes' Schwester Appollonia verheiratet war, schreibt über den Tod seines Schwagers: »So ist Johann Weyda mein Schwager Mittwoch nach Judica in Gott verschieden sein Weib in großem Elende / Armut und Bekümmernis gelassen.« Er schreibt weiter von Ursulas kranker Mutter, deren Tod jeden Tag zu befürchten sei. Franz Behm, Amtsschreiber in Altenburg, wird Ursulas Vormund, bereits wenige Monate später heiraten beide, da auch Franz' Ehefrau Appollonia verstorben ist. In einem Brief an seinen Kollegen und Freund Stephan Roth berichtet Behm im Sommer 1541 über dessen unhöfliches Verhalten Ursula gegenüber. Roth hatte seinem Freund nämlich geraten, doch keine so alte Frau zu heiraten. Behm schreibt seinem Freund daraufhin, dass seine Frau Ursula des Lesens und Schreibens mächtig sei und sie den Brief gelesen habe, in dem sie als »altes Weib« tituliert wird. Sie wolle daher beim Besuch Roths von ihm wissen, warum wohl »alte Bräute« schlecht seien und mit ihm darüber einen Disput führen. Darauf solle sich Roth gefasst machen. »Aber sie will nit Arges mit Argem vergelten sondern Böses mit Gutem vergelten«, so Behm an seinen Freund »und ein hübsch weich Bette mache mit Ehrerbietung.« Nachtragend scheint Ursula nicht gewesen zu sein.

Und so scheint diese Ungeschicklichkeit Roths der Freundschaft augenscheinlich nichts angehabt zu haben, denn 1545 ist die Familie Behm zu seiner Hochzeit nach Zwickau eingeladen. Ursula steht in ihrer Ehe mit Franz Behm einem Haushalt vor, zu dem neben ihrer kranken Mutter die drei halbwüchsigen Kinder ihres Mannes aus erster Ehe gehören. Eine Hausbrauerei, die innerhalb und außerhalb Altenburgs Kunden beliefert, hat sie außerdem zu führen. Elias, Ursulas ältester Stiefsohn, besucht in Zwickau die Schule und wohnt über Jahre bei den Rothes. Er wird später Pfarrer.

1556 sichert Franz Behm seiner Frau Ursula das Haus in Altenburg als Witwensitz zu. 1566 ist Ursula noch im Häuserbuch der Stadt Altenburg als »Ursula v. Zschöpperitz, Franz Behms 2. Frau« aufgeführt. In späteren Einträgen aus dem Jahr 1572 ist sie nicht mehr zu finden, weshalb zu vermuten ist, dass sie um das Jahr 1570 gestorben sein muss.

Als einzige der Frauen im 16. Jahrhundert, die sich durch Flugschriften öffentlich äußerten, konzipierte Ursula Weyda ihre pole-

mische Gegenrede zum Buch des Abtes Simon von Pegau von Anfang an als eine ausgewiesene Streitschrift. Damit warf sie von sich
aus den Fehdehandschuh, pochte selbstbewusst auf ihren christlichen Glauben, argumentierte kompetent mit ihrer Bibelkenntnis, erwies sich als theologisch gut informierte Zeitgenossin und
scheute auch nicht davor zurück, ihren Gegner durch Schmähungen zu provozieren. Damit mischte sie sich ein in die Streitkultur
der Männer und vertrat couragiert ihren Standpunkt.

Geboren
  in Altenburg als Ursula von Zschöpperitz um das Jahr 1504 herum

Gestorben
  in Altenburg um das Jahr 1570

Leben
  Dem Beispiel Argula von Grumbachs folgend verfasste sie eine
  Flugschrift, in der sie öffentlich die Auseinandersetzung mit einem
  katholischen Abt und dessen Orden sucht. Mit ihrer Schrift, die
  ausdrücklich für den Druck geschrieben war, hat sie im thüringisch-obersächsischen Raum den öffentlichen Disput mitgeprägt.

Werk
  Flugschrift von 1524: »Wyder das unchristlich schreyben un Lesterbuch / des Apts Simon zu Pegaw unnd seyner Brüder. Durch Ursula Weydin Schösserin zu Eyssenberg / Eyn gegründe Christlich
  schrifft Götlich wort und Ehelich leben belangende«

Katharina Zell

Predigerin und unerschrockene Bürgerin

> Ich bin, seit ich zehn Jahr alt, eine Kirchen-Mutter, eine Ziererin
> des Predigtstuhls und Schulen gewesen, habe alle Gelehrten ge-
> liebt, viel besucht, und mit ihnen mein Gespräch, nicht von Tanz,
> Weltfreuden noch Fassnacht, sondern vom Reich Gottes, gehabt.
> *Katharina Zell in einem ihrer Briefe*

Straßburg war im 16. Jahrhundert die führende Stadt im elsässi-
schen Reichsgebiet und als Freie Reichsstadt stolz auf eine lange
Tradition der Unabhängigkeit. Freie Reichsstädte unterstanden unmittelbar dem Kaiser und hatten keinen Landesherren als Fürsten
über sich. Daher verfügten diese Städte über eine Anzahl von Freiheiten und Privilegien, was eine Autonomie für den Stadtrat mit
sich brachte. Gelegen am Rhein und damit an einer der wichtigsten
Wasserstraßen Europas, war Straßburg ein Verkehrsknotenpunkt,
denn eine wichtige Handelsroute von Ost nach West kreuzte hier
ebenfalls den Fluss. So entstand ein reges Handels- und Gewerbe-
zentrum an der Grenze zwischen dem deutschen und dem fran-
zösischem Kultur- und Sprachraum. 20.000 Einwohner zählte der
stolze Ort in der Reformationszeit und gehörte zu den bedeutendsten Städten in Europa.

Hier kam Katharina Zell, geborene Schütz, um das Jahr 1497
als Tochter eines Schreinermeisters und angesehenen Bürgers auf
die Welt. Sie genoss eine gute Bildung und hatte bereits als junges Mädchen großes Interesse an Büchern und geistreichen Gesprächen. Sie arbeitete schon früh in der Kirche mit und kam
bereits in jungen Jahren mit Schriften Martin Luthers in Berührung. Von dieser tiefen religiösen Erfahrung berichtete sie später,
Luther habe ihr »den Herren Jesum Christum so lieblich für-
schriebe, dass ich meinte, man zöge mich ... aus dem Erden-

reich herauf, ja aus der grimmen, bitteren Höll, in das lieblich süß Himmelreich.«

Dahinter steckte die für Katharina Zell wie auch für Luther existentielle Frage nach dem gnädigen Gott angesichts der eigenen Sündhaftigkeit. Wie Luther kämpfte sie ein Leben lang darum, immer wieder aus der »bitteren Höll« der vermeintlich eigenen Unzulänglichkeit in das »lieblich süß Himmelreich« der Glaubensgewissheit zu gelangen, von Gott anerkannt und geliebt zu sein allein durch den Glauben an ihn.

1518 war Matthäus Zell als Prediger an das Straßburger Münster gekommen, wo er bereits wenige Jahre später im lutherischen Sinne zu lehren begann. Den Status seiner Kanzel am Münster nutzend, entwickelte er sich zum beliebtesten und bekanntesten Prediger der Stadt, zog immer mehr Geistliche auf die evangelische Seite und begeisterte auch die junge Katharina Schütz. Am 3. Dezember 1523 heirateten der 46-jährige Reformator und die zwanzig Jahre jüngere Katharina. Martin Bucer, neben Zell und Wolfgang Capito der Dritte im Bunde der führenden Reformatoren in Straßburg, vollzog die Trauung im voll besetzen Münster. Waren beide Partner diesen Lebensbund mit den besten Vorsätzen für eine vorbildliche christliche Ehe eingegangen, so musste das neuvermählte Paar doch viel »Schand, Nachred und Lügen« über sich ergehen lassen, wie Katharina selber berichtete. Die Priesterehe war zu dieser Zeit noch etwas unerhört Neues und provozierte den massiven Widerstand des katholischen Bischofs von Straßburg. Alle sieben Geistliche, die bis zu diesem Zeitpunkt geheiratet hatten, wurden von ihm vorgeladen und im April 1524 exkommuniziert. Durch päpstlichen Bann wurden sie aus der Gemeinschaft der Kirche ausgeschlossen. Zell und Capito verfassten daraufhin eine Appellation gegen diesen Bannspruch, aber auch Katharina selber verteidigte ihre Eheschließung öffentlich.

Wie in allen ihren Werken tritt sie bereits in dieser Schrift als eine selbstbewusste und couragierte Frau auf, die gewandt ist im Schreiben und deren Umgang mit der Heiligen Schrift auf eine ebenso große Vertrautheit mit der Bibel schließen lässt wie bei Argula von Grumbach. Beides, ihr Mut wie ihre bibelfeste Argumentation, werden bereits in dieser ersten Schrift, ihrer »Entschuldigung« offenbar. Unter dem Titel »Entschuldigung Katharina Schützin, für Matthes Zellen, ihren Ehegemahl, der ein Pfarrer und Diener ist im Wort Gottes zu Straßburg, von wegen großer Lügen auf ihn erdicht« gibt sie diese Schrift in Druck. Katharina selber schreibt, sie habe dem Bischof »rauchende Briefe« geschickt, er beschwerte sich beim Rat der Stadt Straßburg über das Schreiben »eines heißen Inhalts«. Was nun ist hier zu lesen?

Katharina verteidigt in ihrem Brief ihre Eheschließung und setzt sich gegen üble Nachrede zur Wehr. Matthäus Zell sei ihr ein liebender Ehemann so wie sie ihm eine liebende Ehefrau, beide seien »nie kein Viertelstund uneins gewesen.« Sie wehrt sich aber nicht nur gegen Verleumdung, sondern geht direkt zum frontalen Angriff gegen die angeblich zölibatär lebenden katholischen Geistlichen über, von denen nicht selten, so Katharina, sieben Frauen gleichzeitig schwanger seien. Engagiert und bibelfest setzt sie sich mit den paulinischen Worten zum Schweigegebot der Frauen auseinander.

Paulus sagt: Die Weiber sollen schweigen. Antworte ich: Weißt aber nicht auch, dass er sagt Galater 3: In Christus ist weder Mann noch Weib; und dass Gott im Propheten Joel sagt im 2. Kapitel: Ich werde ausgießen von meinem Geist über alles Fleisch und eure Söhne und Töchter werden weissagen etc. Und weißt auch, da Zacharias ein Stummer ward, hat Elisabeth Maria, die Jungfrau, gebenedeit. ... Also (...) ich begehr nicht, dass man (auf) mich höre als (wie auf) Elisabeth oder Johannes den Täufer oder Nathan, den Propheten, der David sein Übel angezeigt, noch als einen (anderen) Propheten, sondern nur als (wie auf) den Esel, (auf) den doch der falsche Prophet Bileam hörte. Denn ich doch nicht anderes begehre, als dass wir möchten selig miteinander werden. Dazu helfe uns Gott durch Christus, seinen lieben Sohn. Amen.

Durch ihre Heirat mit Matthäus Zell war Katharina eine der ersten evangelischen Pfarrfrauen geworden. Ihr ging es von Beginn ihrer Ehe an um das Wort Gottes und den Aufbau der Gemeinde, »da unser Eheberedung nit von Widem (Besitzungen zugunsten einer Kirche, S. D.), Morgengab, Silber noch Gold, sondern von Feuer und Wasser um des Bekenntnis Christi willen war.« So konnte sie von sich sagen, »dann ich auch den Predigt-Stuhl zu Straßburg haben helfen bauen«, und mit Stolz berichtet sie, ihr Mann habe sie seinen »Helfer« genannt, was nach damaligem Wortgebrauch nichts anderes als einen Hilfsprediger meint.

Sie muss eine sehr warmherzige und praktische Frau gewesen sein, denn als ein Jahr nach ihrer Eheschließung 150 Glaubens-

flüchtlinge aus dem südbadischen Kenzingen nach Straßburg kamen, brachte sie allein 80 von ihnen in ihrem Pfarrhaus unter und
versorgte bis zu 60 Personen vier Wochen lang. Straßburg besaß
als Freie Reichsstadt vielerlei Rechte und Freiheiten, so dass Glaubensflüchtlinge in ihren Mauern immer wieder Sicherheit und
Schutz fanden. So auch die Kenzinger Männer, die ihren refor-
miert gesinnten Gemeindepfarrer nach seiner Ausweisung einige
Kilometer aus der Stadt heraus begleitet hatten, um nach ihrer
Rückkehr die Stadttore verschlossen und von österreichischen Soldaten bewacht vorzufinden. Ein Mann wurde festgenommen und
hingerichtet, die anderen 150 konnten in Richtung Rhein fliehen
und fanden Schutz in Straßburg.

Katharina Zell nahm sich aber nicht nur der Flüchtlinge an,
sondern verfasste auch einen Trostbrief an die zurückgebliebenen
Frauen in Kenzingen, der von großer seelsorgerlicher Tiefe geprägt
ist. Den Zurückgelassenen schreibt sie 1524 über die Verborgenheit
Gottes und seine oft nicht leicht zu erkennenden Wege. Die Kinder
der Welt, so Katharina, statte Gott mit Gaben aus, wie auch Abraham es mit Ismael getan habe, aber der wahre Sohn Abrahams
sei dennoch Isaak gewesen, den er sogar bereit war zu opfern. Die
Frauen sollten wissen, dass, selbst wenn ihre Männer getötet würden, Jesus Christus die Auferstehung sei. Da Jesus gelitten habe,
»also ihr auch, wollt ihr Christen sein, und mit ihm in seine Herrlichkeit gehen, so müsst ihr auch mit ihm leiden.«

Sie deutet in dieser Schrift das Leiden als eines der wahr-
haftigsten Zeichen göttlicher Liebe, da Gott selber seinen Sohn
habe leiden lassen. »Darum, liebe christliche Weiber, gedenket
dieser Worte, die nit mein, sondern des Geist Gottes sind, und
seid dankbar und empfänglich solcher Gottes Gaben.« Auch wenn
Gott ihnen jetzt verborgen sei, fährt sie fort, sollten die Frauen sich
seiner Barmherzigkeit gewiss sein. Mit einem Jesaja-Wort, in dem
Gott von sich selber als einer stillenden Mutter spricht, versucht
sie ihre Glaubensschwestern zu trösten: »So wenig als die Mutter ihres saugenden Kinds mag vergessen, so wenig mag ich (Gott,
S. D.) euer vergessen. Und ob sie sein vergisst, so mag ich doch euer
nicht vergessen, Jesaja 49,15 … Also, liebe christliche Schwestern,
vertraut Gott. Er legt euch nicht mehr auf zu tragen, denn euch
gut und notdürftig ist.« Sie kennt aber auch die Glaubenszweifel
und den Sieg der Verzagtheit. Aber dies solle die zurückgelassenen

Frauen nicht schrecken, denn »es ist ein seliger Kampf, also muss es sein, der Glaub ist kein Glaub, der nit angefochten wird.« Eigene Glaubenszweifel mögen Katharina angesichts ihrer Kinderlosigkeit überkommen haben. Sie schenkte zwar zwei Kindern das Leben, aber keines überlebte das Säuglings- und Kleinkindalter. Wie sie selber in einem Brief an Ambrosius Blarer, einen oberdeutschen Reformator schrieb, deutete sie dieses Los als göttliches Zeichen und Strafe für ihre Sünden. Dieser innere Druck mag einer der Gründe für ihr unermüdliches Arbeiten und Wirken gewesen sein.

1525 brach der Deutsche Bauernkrieg aus, und auch rund um Straßburg sammelten sich Gruppen aufgebrachter Bauern, bereit zum Kampf für ihre Rechte und gegen die Unterdrückung durch die Obrigkeit. Begleitet von Wolfgang Capito und ihrem Mann ging auch Katharina Zell in die Lager der Aufständischen und versuchte, für ein gewaltfreies Vorgehen zu werben. Allerdings vergeblich. In mehreren Schlachten, von denen eine in unmittelbarer Nähe Straßburgs stattfand, wurden die Bauern von den Soldaten der Fürsten grausam besiegt. Frauen und Kinder der Getöteten, auch Überlebende der Massaker, strömten daraufhin nach Straßburg, so dass sich zeitweilig bis zu 3.000 Kriegsflüchtlinge in der Stadt aufhielten. Auch in dieser Situation sorgte Katharina Zell bis über die eigenen körperlichen Grenzen hinaus mit Hilfe anderer Straßburger Bürger für die Flüchtlinge. Sie war dafür verantwortlich, all jene Flüchtlinge, die nicht im verlassenen Franziskanerkloster Unterschlupf finden konnten, bei aufnahmewilligen Privatpersonen unterzubringen und die Spenden der Straßburger zu organisieren. Ein halbes Jahr lang dauerte diese akute Krisenhilfe. Dann war der Bauernkrieg zu Ende und die Flüchtlinge verließen die Stadt.

1529 beherbergte Katharina Zell gleich zwei bedeutende Reformatoren in ihrem Haus. »Ich bin 14 Tag Magd und Köchin gewesen«, schrieb sie über den Besuch von Ulrich Zwingli aus Zürich und Johannes Oekolampad aus Basel. Beide Männer waren unterwegs nach Marburg, um dort auf Einladung Philipp von Hessens mit Martin Luther über das Verständnis des Abendmahls zu disputieren, drohte an der unterschiedlichen Auffassung des Abendmahls doch die Einigkeit der evangelischen Seite zu scheitern. Luther verstand die Einsetzungsworte aus dem 1. Korintherbrief »Dies ist mein Leib« als Verheißung der leiblichen Gegenwart Christi im Sakrament. Damit war für ihn eine Realpräsenz gemeint, bei der in, mit und unter Brot und Wein Christi wahrer Leib und sein wahres Blut ausgeteilt werden. Daher war das Abendmahl für ihn in erster Linie ein Handeln Gottes mit den Menschen. Dem stand nun die Auffassung Zwinglis gegenüber. Dieser verstand das »ist« im griechischen Urtext im Sinne von »bedeutet« und damit das Abendmahl als eine Erinnerung an den Tod Christi, bei dem Jesus Christus im Heiligen Geist gegenwärtig ist und nicht real in Brot und Wein. Für Zwingli war das Abendmahl daher zuerst ein Bekenntnisakt der Gemeinde. Die Gespräche scheiterten, da keine Einigung in dieser Frage erzielt werden konnte. Im Verlauf der Reformation zeigten sich hier erstmals die Gräben zwischen reformierter und lutherischer Seite, die später zu Verwerfungsurteilen führen sollten. Erst durch die Leuenberger Konkordie von 1973 wurden die im 16. Jahrhundert getroffenen Lehrentscheidungen und die damit einhergehenden Trennungen und gegenseitigen Verwerfungen rückgängig gemacht und zwischen reformierten und lutherischen Gemeinden die Kanzel- und Abendmahlsgemeinschaft wieder hergestellt.

Katharina Zell mischte sich mit einem Brief an Luther direkt in den Abendmahlsstreit ein, indem sie dem Wittenberger Reformator nach dem Scheitern der Gespräche vorwarf, die Liebe untereinander nicht genug beachtet zu haben, denn sie sei wichtiger als alle Lehrstreitigkeiten. Luther bestätigte dies, allerdings mit einer Einschränkung: »Denn ihr wisst …, dass wohl die Liebe soll über alles gehen und den Vortritt haben, ausgenommen Gott, der über alles, auch über die Liebe, ist. Wo derselbe und sein Wort vorgeht, da soll ja bei uns die Liebe gewiss die Oberhand haben nächst Gott.«

Abgesehen von Luther pflegte Katharina auch einen regen Briefwechsel mit anderen Reformatoren wie Ambrosius Blarer, Martin Bucer, Ulrich Zwingli oder Heinrich Bullinger und Kaspar Schwenckfeld. 1540 waren »30 herrlicher, gelehrter Männer aus Wittenberg, Sachsen, Hessen, Nürnberg, Schwaben und anderen Orten« bei den Zells zu Gast. Sie selber reiste mit ihrem Mann in die Schweiz, nach Schwaben und Nürnberg, in die Pfalz und 1538 sogar zu Luther nach Wittenberg. Wie Katharina Zell berichtet, warnte Luther bei diesem Treffen die Straßburger etwas von dem Erreichten aufzugeben. Sinn der Reise war es, das freundschaftliche Verhältnis zwischen Wittenberg und den süddeutschen Städten zu festigen. Sowohl Matthäus wie auch Katharina Zell kehrten voller Begeisterung für Luther nach Hause zurück.

Bereits 1534 hatte Katharina ein Liederbuch herausgegeben. Dies enthielt Auszüge des 1531 erschienenen Gesangbuches der böhmisch-mährischen Brüder, dem Katharina Zell ein Vorwort voranstellte. Das Büchlein sei »eher ein Lehr-, Gebet- und Dankbuch, denn ein Gesangbuch« schreibt sie, »wie wohl das Wörtlein Gesang recht und wohl geredt ist, weil das größte Lob Gottes in Gesang ausgesprochen ist worden.« Dem Vorwort gemäß sollte es für den privaten Gebrauch bestimmt sein, und jeder Christ und jede Christin sollte die Lieder bei der täglichen Arbeit singen. Denn indem »die Christen treulich im Glauben haushalten, gehorsamen, kochen, Schüsseln waschen, Kinder wischen und warten, und sich in diesen Werken, die zum menschlichen Leben dienen, zu Gott kehren auch mit der Stimme des Gesanges, so gefallen sie ihm mehr als der Pfaff, Mönch und Klosterfrau in ihrem unverständlichen Chorgesang.« Katharina Zell hat also schon früh die Bedeutung des religiösen Gesangs erkannt und mit der Herausgabe der Liedersammlung dafür gesorgt, dass reformatorisches Gedankengut auch durch Lieder verbreitet wurde.

Als im Januar 1548 ihr Mann starb, ergriff die 51-Jährige nach der Grabrede Martin Bucers selbst das Wort und wandte sich an die Gemeinde. Sie beließ es aber nicht nur bei dieser ersten öffentlichen Predigt ihrerseits, sondern gab darüber hinaus noch eine Schrift zum Gedenken ihres Mannes heraus. Da ihre Predigt am Grab ihres Mannes bereits für Unmut gesorgt hatte, betont sie bereits in ihrer Einleitung, dass sie sich nicht in das Amt des Predigers oder des Apostels stellen möchte, »sondern allein wie die liebe Maria Magdalena ohne Vorbedacht ihrer Gedanken zu einer Apostelin ward und vom Herrn selbst gedrungen den Jüngern zu sagen, dass Christus auferstand wäre und zu seinem und unserem Vater aufgestiegen, also ich jetzt auch.« Sie erinnert die Gemeinde daran, wie ihr Mann »mit viel großer Sorg und Gefahr seines Lebens tapfer und fröhlich gepredigt und gelehrt habe« und sie in 24 Jahren Ehe »seine Gehilfin nach ihrem Maß und Vermögen auch im Amt und Dienst« gewesen sei. Über ihren Mann, der von allen Straßburger Reformatoren der liberalste auch im Umgang mit den Täufern war, schrieb Katharina: »Also hat auch mein frommer Mann selig Matthäus Zell so oft geredet in seinem Leben, wer Christus für den wahren Sohn Gottes, und einzigen Heiland aller Menschen glaube und bekenne, der solle Teil und Gemeinschaft an seinem Tisch und Herberge haben, er wolle auch Teil und Gemeinschaft mit ihm in dem Himmel haben.« Von Katharinas ebenfalls toleranter Haltung, von der nicht wenige vermuteten, dass sie die eigentlich treibende Kraft hinter der liberalen Einstellung ihres Mannes war, zeugen auch ihre anrührenden Besuche bei Melchior Hoffmann. Er war einer der unruhigsten unter den Täufern und einer Prophezeiung wegen nach Straßburg gekommen, denn er erwartete in dieser Stadt in Kürze die Wiederkunft Christi. Hoffmann wurde verhaftet und blieb bis zu seinem Lebensende zehn Jahre lang im Gefängnis. Katharina stimmte seiner Lehre nicht zu, aber sah es als einen Akt der Nächstenliebe an, den quasi lebendig Begrabenen zu besuchen.

Ein Jahr nach dem Tod ihres Mannes nahm sie heimlich die beiden aus der Stadt ausgewiesenen Prediger und Reformatoren Martin Bucer und Paul Fagius für mehrere Wochen in ihrem Haus auf und gewährte ihnen damit Asyl, bevor beide auf Grund des Augsburger Interims gezwungen waren, ins englische Exil zu gehen. Als Dank ließen sie ihr zwei Goldstücke zurück und sandten einen Dankesbrief aus England. Katharina antwortete und legte eines der Goldstücke wieder mit in den Brief. Sie schrieb den beiden Exilanten:

Matthias hat alle meine Kunst und Freude hinweg mit ihm (genommen). Auf dass aber meine Schamröte zum Teil abgelegt würde, habe ich euch diese zwei Stücke Gold wiederum in diesen Brief legen wollen wie Joseph seinen Brüdern. Da ist ein verjagter Prediger mit fünf Kindern zu mir gekommen und eine Predigerfrau, deren Mann man den Kopf abgeschlagen hat vor ihren Augen. Die habe ich zwei Tage bei mir gehabt und dieses eine Stück Gold diesen beiden zur Zehrung von euch beiden geschenkt, und den anderen euch wiederum in diesen Brief getan, denn ihr werdet noch viel brauchen.

1550 musste sie selber das Pfarrhaus räumen und es für einen katholischen Geistlichen frei machen.

Sie hatte 1555 ihren Neffen Laux Schütz bei sich aufgenommen, der an Syphilis litt. Als sie ihn zu Hause nicht mehr pflegen konnte, kam er in ein »Blatternhaus«, in das Katharina ihn begleitete und dort im Hospiz ebenfalls eine Zeit lang lebte. Über die katastrophalen Zustände in dem Haus beschwerte sie sich in einem vernichtenden Bericht an den Rat der Stadt und regte darin an, dass es neben einer von Grund auf erneuerten materiellen Versorgung auch eine geistliche und seelsorgerliche Betreuung der Kranken geben müsse. »Es sollte aber einer am Morgen da sein, das Evangelium zu sagen oder zu lesen und mit ihnen beten ... Am Morgen ist jeder Mensch geschickter, andächtiger und das Herz empfänglicher für göttliche Dinge ... Es kommen (Leute) hinein, die das Vaterunser nicht können beten.« Hier wird noch einmal deutlich, dass sowohl Katharina wie auch ihr Mann Matthäus Zell zeit ihres Lebens daran mitgearbeitet haben, die sozialen Bedingungen in der Stadt zu verbessern sowie für eine allgemeine Bildung und die Einführung eines Schulwesens zu sorgen.

Ihre letzten Jahre waren nicht nur geprägt durch Krankheiten, sondern noch mehr überschattet von der Auseinandersetzung mit der neuen Generation evangelischer Prediger in Straßburg, die streng lutherisch gesinnt waren und alle Andersgläubigen hart verurteilten. Das konnte Katharina, die Zeit ihres Lebens die christliche Liebe über die Glaubensunterschiede gestellt hatte, nicht hinnehmen. Ganz im Geiste der ersten Straßburger Reformatoren, die stets offen gewesen waren für die verschiedenen Strömungen der Reformation, hatte Katharina Kontakt zu Kaspar Schwenckfeld, der dem linken Flügel der Reformation zugerechnet wird. Sie besuchte Melchior Hoffmann im Gefängnis und hatte auch Verständnis für die »armen Täufer ... die doch Christum den Herrn auch mit uns bekennen.«

So war ihr das Gehetze gegen alle nicht-lutherisch Gesinnten zutiefst zuwider, und sie veröffentlichte 1557 ihren Briefwechsel mit Ludwig Rabus, einem der neuen Prediger, der samt einem offenen Brief an die Bürgerschaft Straßburgs erschien. Ludwig Rabus, ein besonders eifriger Verfechter der lutherischen Richtung, verleumdete in seinen Predigten andere Reformatoren, indem er Zwingli und seine Anhänger als Ketzer titulierte und in einer Weihnachtspredigt 1556 besonders Kaspar Schwenckfeld scharf attackierte, den er »verflucht, teuflisch, verdammt und schändlich« nannte. Katharina schrieb ihm daraufhin einen Brief, in dem sie Rabus u. a. vorwarf, er selber zerreiße die Kirche anstatt sie aufzubauen, da er so unchristlich über andere ernsthafte Christen rede.

Rabus sandte ihr den Brief ungeöffnet zurück. Bald danach verließ er die Stadt, um in Ulm ein Superintendentenamt anzutreten. Katharina schrieb ihm erneut im März in weit schärferem Ton, wohl verärgert durch ihre nicht beachtete Mahnung und durch Rabusens »undankbaren, schnellen, unfreundlichen und ärgerlichen Abschied.« Daraufhin antwortete Rabus ihr mit einem sehr groben Brief, den sie Satz für Satz beantwortete.

Diesen Briefwechsel ließ sie zusammen mit einem Brief an die Bürgerschaft Straßburgs in Druck geben, damit die Bürger beurteilen mochten, wer von beiden im Unrecht sei und ob Katharina »heidnisch, unchristlich, erstunken und erlogen« geschrieben habe. In ihren Briefen an Rabus verteidigt Katharina vor allem Schwenckfeld, der von ihm und seinen Kollegen als »Stenckfeld« verunglimpft worden war. Sie nimmt Stellung zu seiner theologischen Position der Zwei-Naturen-Lehren, in der es um die Frage geht, wie Jesus Christus gleichzeitig wahrer Mensch und wahrer Gott sein kann. Sie legt dar, dass der angegriffene Schwenckfeld nie die Menschlichkeit Jesu geleugnet, jedoch sein Augenmerk auch auf seine göttliche Natur gelegt habe und nicht nur auf »Kreutz, Schmach und Tod«. Mit Verweis auf verschiedene Bibelstellen argumentiert sie, »dass sich Gott herab getan zum Menschen und Gott blieben, auf dass er den Menschen durch Kreutz und Tod hinauf führte zu Gott.« In ihrem zweiten Brief verweist sie vornehmlich auf die Weitherzigkeit ihres Mannes und dessen umfassendes, nicht ausgrenzendes Verständnis eines rechten Christenmenschen. Weil ihrer Meinung nach der Glaube nicht zu zwingen und zu regieren ist, kann sie auch die Täufer würdigen.

Nun die armen Täufer, da ihr so grimmig, zornig über sie seid, und die Obrigkeit allenthalben über sie hetzt wie ein Jäger die Hund auf ein wildes Schwein und Hasen, die doch Christus den Herrn auch mit uns bekennen im Hauptstück, darinnen wir uns vom Papsttum getrennt haben, über die Erlösung Christi … und viel unter ihnen bis in das Elend, Gefängnis, Feuer und Wasser bekannt haben.

Rabus solle daher aufhören, andere zu verdammen, damit er selber nicht verdammt werde. Daraufhin antwortete ihr Rabus doch noch mit einem sehr groben Brief, in dem er sie bezichtigte, sie habe ein »unverschämtes Maul«. Darüber hinaus warf er ihr vor:

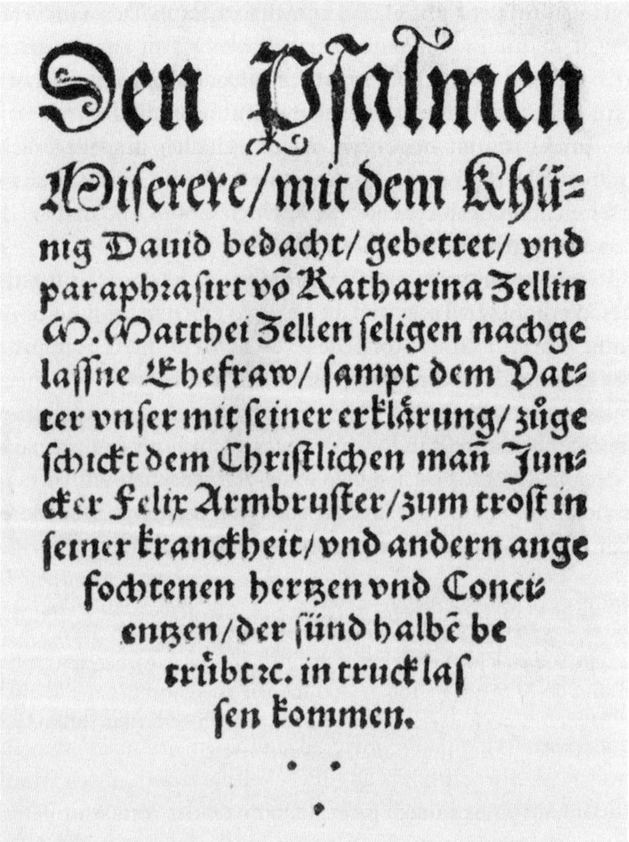

Den Psalmen
Miserere/ mit dem Khü=
nig Dauid bedacht/ gebettet/ vnd
paraphrasirt võ Katharina Zellin
W. Matthei Zellen seligen nachge
lassne Ehefraw/ sampt dem Vat=
ter vnser mit seiner erklärung/ zůge
schickt dem Christlichen mañ Jun=
cker Felix Armbruster/zum trost in
seiner kranckheit/vnd andern ange
fochtenen hertzen vnd Consci=
entzen/der sünd halbē be
trübt ꝛc. in truck laſ
sen kommen.

Abb. 4
Trostbrief aus der Feder Katharina Zells mit einer Auslegung
des 51. Psalms sowie des Vaterunsers

»Du hast aber in der Kirche zu Straßburg eine solche Unruhe
bald im Anfang, und mit deinem frommen Mann selber anfan-
gen, dass ich gedenk Gottes Urteil wird dich dermaleins treffen
und lass mich hinfür mit deinen Lügen- und Lästerschreiben zufrieden.« In ihrer Replik erklärt sie ihr Sakramentsverständnis,
demgemäß weder durch Taufe noch durch Abendmahl die Sünden vergeben werden, sondern dies allein durch den Kreuzestod
Jesu geschehe. Deshalb bezeichnet sie die Taufe auch nicht als Wie-

dergeburt, sondern als ein Bekenntnis zu Jesus. Der Kindertaufe steht sie kritisch gegenüber:»Mein lieber Mann hat gelehrt, der Tauf soll frei sein der Zeit und Alters halb.« Das Abendmahl ist für sie ein »Speis und Trank der Seelen«, denn wer mit dem Mund das Abendmahl nimmt und nicht zuvor geistlich gespeist und getränkt wurde, dem dient das Abendmahl zum Gericht. Jesus selber sei nicht im Brot, sondern zur Rechten Gottes und in den Gläubigen anwesend.

Ein Jahr später, 1558, veröffentlichte sie ihr letztes schriftstellerisches Werk: Einen Trostbrief an Felix Armbruster mit einer Auslegung des 51. Psalms sowie des Vaterunsers. Felix Armbruster war ein ehemals hochangesehenes Ratsmitglied, der vom Aussatz befallen war und vor den Toren Straßburgs als »lebendiger Tote« lebte. Katharina stellt in ihrem Trostbrief an ihn noch einmal unter Beweis, wie sehr sie am Leid anderer Menschen teilnahm und wie viel ihr daran lag, die Leidgeprüften zu trösten. Mit seelsorgerlicher und geistlicher Tiefe kann sie schreiben:

Gib uns auch heiliger Vater, ... dass ... wir ... uns auch willig im Gehorsam ans Kreutz ergeben mit Christo allerlei Schmach, Elend, Armut und den Tod zu leiden auch wie sich Christus uns dargeben überantwort und sein Seel für uns in Tod gesetzt hat wir auch also für alle Menschen und Brüder, deine Jünger, unsere Brüder und Schwestern in ihrem Unfall, Elend, Armut ... uns ihnen auch also darbieten.

Sie wählt aus einer ganzen Reihe früher von ihr verfasster Betrachtungen diejenigen aus, die ihr für Armbruster passend zu sein scheinen und erwähnt:»Ich habe noch sehr viel aufgezeichnet, wie ich mich mehr denn vierzig Jahr zwischen Gott und mir ersprach habe, wüsste ich's euch oder anderen zu Nutz und Trost zu brauchen, wollte ich's gerne tun.«

Zweimal sollte Katharina Zell noch öffentlich predigen, beide Male an Gräbern von Frauen. Kurz vor ihrem eigenen Tod stand sie am Grab von Elisabeth Heckerlin, die eine Anhängerin Schwenckfelds gewesen war. Darum wollte kein Pastor die Verstorbene beerdigen ohne öffentlich darauf hinzuweisen, dass sie von der Kirche Jesu Christi abgefallen sei. Daraufhin entschied die Familie Heckerlin, die Beerdigung morgens in aller Frühe von der Öffentlichkeit unbemerkt stattfinden zu lassen, und bat Katharina Zell den Trauergottesdienst zu halten. Sie selber war schon zu schwach, um gehen zu können und ließ sich in einem Wagen zum Friedhof bringen. Der Rat der Stadt wollte sie wegen dieser von ihr geleiteten Beerdigung zur Rechenschaft ziehen, sobald sie sich gesundheitlich erholt habe. Die unerschrockene Predigerin starb jedoch, bevor es zu irgendwelchen Konsequenzen für sie kommen konnte am 5. September 1562 und wurde unter großer Beteiligung der Bevölkerung zu Grabe getragen.

Aus heutiger Sicht finden sich in Katharina Zells theologischem Werk bereits Ansätze zu den Anliegen der heutigen feministischen Theologie. So las sie die Heilige Schrift bewusst aus der Perspektive einer Frau, wie ihre theologische Auseinandersetzungen mit den paulinischen Schriften deutlich machen. Sie achtete auf das Auftreten von Frauen in der biblischen Botschaft und bezog sich in ihrem Handeln auf sie. Nicht nur Maria Magdalena, die Apostelin, war ihr ein Vorbild, auch Frauen wie die Mutter Jesu und deren Cousine Elisabeth, aber auch alttestamentliche Figuren wie Judith und Abigail, die sich bei David für ihren Mann Nabal einsetzte, waren für sie weibliche Leitbilder. In ihrer Auslegung des Vaterunsers nimmt sie Bezug auf weibliche Gottesbilder, denn Gott könne auch mit einer Frau verglichen werden, welche die Schmerzen der Geburt und die Freude, ein Kind zu stillen, kenne. So ist Katharina Zell wahrhaftig eine Kirchen-Mutter gewesen, die nicht nur aktiv am Aufbau der evangelischen Kirche in Straßburg beteiligt war, sondern darüber hinaus in der Öffentlichkeit für das Evangelium in Wort und Tat eintrat. Dabei setzte sie für Frauen neue Akzente und lebte vor, wie eine gleichberechtigte Beteiligung von Frauen und Männern im Dienst der Kirche schon vor einem halben Jahrtausend hätte gestaltet werden können.

Geboren
Um das Jahr 1497 in Straßburg als Katharina Schütz

Gestorben
1562 in Straßburg

Leben
Gemeinsam mit ihrem Mann Matthäus Zell trat sie aktiv für die Reformation in ihrer Heimatstadt Straßburg ein. Sie veröffentlichte eigene Schriften, predigte bei Trauerfeiern und stellte sich schützend vor Glaubensflüchtlinge. In ihrem Werk finden sich darüber hinaus Anregungen für den Aufbau eines städtischen Sozialgefüges sowie ein Diakonenamt für Frauen.

Werk
Annähernd ein Dutzend Schriften, wie z. B. die Entschuldigung Katharina Schützin für Matthäus Zell, 1524 oder die Trostschrift an die Frauen von Kenzingen, 1524. Sie gab 1534 eine Liedersammlung heraus und legte Psalmen sowie das Vaterunser aus. Ein offener Brief an die Stadt Straßburg samt dem Briefwechsel mit Ludwig Rabus stammt aus dem Jahr 1557.

Elisabeth Cruciger

Die erste Dichterin des Protestantismus

Du Schöpfer aller Dinge, du väterliche Kraft,
regierst von End zu Ende kräftig aus eigner Macht.
Das Herz uns zu dir wende und kehr ab unsre Sinne,
dass sie nicht irrn von dir.

*Elisabeth Cruciger in ihrem Kirchenlied »Herr Christ,
der einig Gotts Sohn«*

*D*a gibt es die Geschichte von diesem Traum. Eines Morgens, gerade vom Schlaf erwacht, erzählt eine Frau in Wittenberg ihrem Mann, einem gelehrten Theologen, sie habe im Traum in der Kirche ihrer Stadt auf der Kanzel gestanden und gepredigt. Darauf ihr Mann lachend: »Vielleicht will euch der liebe Gott für würdig erachten, dass eure Gesänge, mit denen ihr zu Hause immer umgeht, in der Kirche sollen gesungen werden.«

So wird es berichtet aus dem Haus von Elisabeth und Caspar Cruciger, damals vor 500 Jahren in Wittenberg. Vom Predigen im Gottesdienst konnte Elisabeth Cruciger nur träumen, aber Verse von ihr erklingen im evangelischen Gottesdienst trotzdem seit langem. Denn sie ist die erste Lieddichterin der evangelischen Kirche. Schon 1524 verfasste sie ihr Gemeindelied »Herr Christ, der einig Gotts Sohn«, das im heutigen Evangelischen Gesangbuch unter der Nummer 67 zu finden ist und an jedem letzten Sonntag der Epiphanias-Zeit gesungen wird.

Wort und Musik, beides prägt die evangelische Frömmigkeit und den evangelischen Gottesdienst von Beginn an auf besondere Weise. Denn bereits für Martin Luther hatte das Kirchenlied einen festen liturgischen Platz im reformatorischen Gemeindegottesdienst. Er gab damit der Gemeinde, entgegen dem Brauch der mittelalterlichen Kirche, in der Klerikerchöre das Singen im

Gottesdienst übernahmen, ihr musikalisches Amt zurück. Luther, der selber musizierte und Lieder schrieb, schätzte die Musik außerordentlich. »Ich liebe die Musik«, schreibt er 1530,

auch gefallen mir nicht, die sie verdammen, die Schwärmer. 1. Weil die Musik Gabe Gottes und nicht der Menschen ist; 2. weil sie die Seelen fröhlich macht; 3. weil sie den Teufel vertreibt; 4. weil sie unschuldige Freude macht. Dabei vergehen Zorn, Begierden, Hochmut. Den ersten Platz gebe ich der Musik nach der Theologie. Das ergibt sich aus dem Beispiel Davids ... 5. weil sie in der Friedenszeit herrscht ... Ich lobe die Fürsten Bayerns deshalb, weil sie die Musik pflegen. Bei uns Sachsen werden Waffen und Bombarden gepredigt.

Diese Hochachtung der Musik durch Luther, der ihr den ersten Platz nach der Theologie gab, wird Elisabeth Cruciger gekannt haben. Denn es war ja der Reformator selber gewesen, der ihre Trauung vollzogen hatte, mit dessen Familie sie in freundschaftlicher Verbundenheit in Wittenberg lebte und der dafür sorgte, dass ihre Dichtung bereits in eines der ersten Wittenberger Gesangbücher aufgenommen wurde. »Hie haben wir einen sehr schönen Geistreichen Betpsalm, den ihr billich eure Kindlein und Gesinde sollet lehren und oft singen lassen ... Und hat diesen Psalm ein recht fromm Gottfürchtiges Weib gemacht Elisabeth Creutzigerin geheissen ... und hat dem Doctor martino so wohl gefallen, dass er ihn selbst hat in sein Gesangbüchlein zu setzen befohlen,« weiß 1571 der evangelische Theologe und Kirchenlieddichter Cyriakus Spangenberg zu berichten.

Über das Leben Elisabeth Crucigers ist nicht Vieles überliefert und von ihren Liedern ist nur dieses eine erhalten, obwohl sie nachweislich mehrere Gesänge verfasst hat. Ihr genaues Geburtsdatum ist unbekannt, sie wird wohl um 1500 zur Welt gekommen sein. Auch ihre Herkunftsfamilie lässt sich nicht mehr identifizieren. Sicher ist: Sie wird als Elisabeth von Meseritz geboren, gilt aber den einen als Sprössling einer märkisch-pommerschen, anderen wiederum als Tochter einer polnischen Adelsfamilie. Deutlich ist jedoch, dass sie aus dem Grenzgebiet zwischen Pommern und Polen stammte. Sie wurde in das Kloster Marienbusch bei Treptow an der Rega aufgenommen, ob auf eigenen Wunsch oder den der Eltern ist ungewiss. Sie lebte dort in einem Konvent der Prämonstratenserinnen, für viele Adlige im Osten nicht ungewöhnlich, unterstützte dieser Orden doch die Seelsorge und Mission der Einheimischen.

Marienbusch benachbart war das Männerkloster Belbuck, bekannt geworden durch den späteren Reformator und Stadtpfarrer in Wittenberg, Johannes Bugenhagen. Dieser Bugenhagen, von den Wittenberger Freunden »Doktor Pomeranus« oder »Der Pommer« genannt, war 1504 als Rektor an die Stadtschule von Treptow gekommen, hatte sich 1509 zum Priester weihen lassen und hielt von 1517 an auf Einladung des Abtes von Kloster Belbuck Vorlesungen über biblische Bücher. Geschult an den humanistischen Ideen des Erasmus von Rotterdams wollte auch Bugenhagen »Zurück zu den Quellen«. Mit diesem Ruf »Ad fontes« verband er – so wie viele Menschen dieser Zeit in Europa – den Impuls, die Wurzeln der abendländischen und europäischen Kultur neu zu entdecken. Unverstellt durch die kirchliche Vermittlung sollten die Texte der antiken Philosophen, aber auch die biblischen Bücher in der Ursprache gelesen werden, um nicht mehr von kirchlichen Autoritäten abhängig zu sein, sondern den eigenen Erkenntnissen zu folgen. Und so griff er in seinen Predigten bereits 1518 oder 1519 den Lebensstil vieler Kleriker massiv an und stellte dagegen die biblischen Apostel als Vorbilder der Barmherzigkeit für alle Christinnen und Christen dar. Im Herbst 1520 lernte er Martin Luthers Schrift »Von der babylonischen Gefangenschaft der Kirche« kennen, in der dieser erstmals sein reformatorisches Programm ausformulierte. Einige Monate später brach Johannes Bugenhagen als 36-Jähriger nach Wittenberg auf, um dort Theologie zu studieren. Seine Schüler und Freunde, auch der Abt des Klosters Belbuck sowie die Mönche, verließen ihr Kloster, mitgerissen von dem Schwung und der Dynamik, die durch die reformatorischen Ideen die ganze Region ergriffen hatten.

Um diese Zeit muss auch Elisabeth von Meseritz das Kloster Marienbusch verlassen haben. Sie, die bislang nur das gesicherte und geregelte Leben in einem Frauenkloster kannte, machte sich ebenfalls auf den Weg nach Wittenberg, wo sie eine Zeitlang im Haus von Johannes Bugenhagen und dessen Familie wohnte. Im Kloster hatte sich Elisabeth von Meseritz eine damals für Mädchen nicht übliche Bildung angeeignet. Denn Klöster boten für Frauen in dieser Zeit eine der wenigen Möglichkeiten, sich zu bilden. Novizinnen hatten eigene Lehrerinnen, deren Aufgabe es war Unterricht zu erteilen in Lesen und Schreiben, Rechnen und Musik. Das geregelte klösterliche Leben bildete die Herzen und Seelen der Frauen durch die gottesdienstliche Liturgie mit Gesang und Lesungen, aber auch durch das Vorlesen biblischer Abschnitte während der Mahlzeiten. So bekamen die Mädchen und Frauen ganz selbstverständlich einen Schatz an religiöser und sprachlicher Bildung. Ein Zeugnis dieser klösterlichen Bildung datiert noch aus der Zeit in Marienbusch: Ein Brief eines getauften Judens namens Joachim von Stettin an Elisabeth von Meseritz vom 19. Januar 1519 ist uns überliefert. Auch wenn der ursprüngliche Brief aus Elisabeths Feder nicht mehr erhalten ist, so zitiert ihn ihr Briefpartner Joachim von Stettin in seinem Antwortschreiben doch ausführlich. Elisabeth hatte ihm Folgendes geschrieben:

Lieber Bruder, dir sei Gnade und Friede. Ich verstehe ganz wohl, lieber Bruder, dass wir zusammengesetzt sind von einer gebrechlichen Materie und stets leben außerhalb in einem Widerwillen Gottes und nicht mächtig sind (obwohl wir alle durchs Blut Christi erlöst sind), solche Gnade Gottes von uns empfangen zu erhalten bis ans Ende und zur Wiederkunft Christi, weshalb wir sehr in Furcht stehen und zuweilen zweifeln, was über alle Bitterkeit zu erleiden ist.

Darum tröste dich, lieber Bruder, sieh, die ich auch eine Mitleiderin bin deiner Krankheit, sieh, ich habe Gott ermahnet durch sanftmütiges Bitten vor Seinen göttlichen Augen, sieh, ich wünsche dir und gebe dir durch Seine Kraft Gnade und Friede … und solches durch den Herrn Christum, nicht durch einen Engel oder Mose. Ei, lieber Bruder, sei zufrieden, hab Mut, denn, der das gute Werk und die Seligkeit in uns angefangen hat, wird's ohne Zweifel vollbringen; er wird selbst vor uns stehen und bedecken unsere Ungerechtigkeit, dass wir von keinem mögen werden angeklagt. Dessen freue dich und tröste dich, mein lieber Bruder, denn desselben erfreu und tröste ich mich auch. Darauf empfange dies mein Schreiben und lass dir's ein Trost sein, denn es ist bei Gott ein Wohlgefallen, dass wir uns untereinander trösten und küssen mit dem Kuss der Liebe Gottes, daher auch der Spruch des Herrn Christi herrührt: ›Liebt euch untereinander, gleichwie ich euch geliebt.‹ Deshalb bitte ich auch für dich, dass dich Gott der Herr erhalte … Darum ich dich einen herzlichen Bruder nenne und deine Schrift lieblich empfangen habe und erkenne dein christliches Herz.

Neben dem von ihr gedichteten Kirchenlied ist dies der einzige Text, der von Elisabeth Cruciger erhalten geblieben ist. Einiges ist an diesen Zeilen bemerkenswert. Da ist zunächst einmal die schriftliche Gewandtheit der Briefeschreiberin. Sie hat ein sehr feines Gespür für Sprache, wie es einige Jahr später auch in ihrer Lieddichtung zum Ausdruck kommen wird. Sie schafft ein neues poetisches Wort, in dem sie sich als »Mitleiderin« bezeichnet. Auch in ihrer Formulierung »und küsse dich mit dem Kuss der Liebe Gottes« liegt eine große sprachliche Kraft und Zartheit.

Über die sprachliche Schönheit des Briefes hinaus verweisen die Zeilen aber auch auf eine profunde Bibelkenntnis. Neben dem von ihr zitierten Vers aus dem Johannesevangelium (»Ein neues Gebot gebe ich euch, dass ihr euch untereinander liebt, wie ich euch geliebt habe, damit auch ihr einander liebhabt«, Johannes 13,34) verweisen ihre Worte an Joachim von Stettin auch auf den Anfang des Philipperbriefes, in dem der Apostel Paulus schreibt: »Ich bin darin guter Zuversicht, dass der in euch angefangen hat das gute Werk, der wird's auch vollenden bis an den Tag Christi Jesu.« (Philipper 1,6)

Ganz auf der Linie der reformatorischen Entdeckungen argumentiert Elisabeth über die unmittelbare Beziehung des gläubigen Menschen zu Gott. Keine Kirche tritt hier als Heilsmittlerin auf, direkt vor Gott und seinem Sohn Jesus Christus steht der Glaubende und darf auf die Rechtfertigung allein durch den Glauben an den barmherzigen Gott vertrauen: »Er selbst wird vor uns stehen und bedecken unsere Ungerechtigkeit, dass wir von keinem mögen werden angeklagt.«

Bemerkenswert ist auch ihr Selbstbewusstsein, mit dem sie schreiben kann »ich habe Gott ermahnet durch sanftmütiges Bitten ... und gebe dir durch Seine Kraft Gnade und Friede.« Nicht nur ein tiefes seelsorgerliches Verstehen spricht also aus diesen Zeilen, in denen Elisabeth über ihre Anfechtungen spricht und sich damit an die Seite Joachim von Stettins stellt. Ein priesterliches Amt reklamiert sie hier ebenso für sich, in dem sie Gott durch Bitten ermahnt und durch seine Kraft ihrem Gesprächspartner Gnade und Friede zuspricht. Das Priestertum aller Getauften, von dem Martin Luther in seinen Frühschriften spricht, bricht sich hier Bahn.

Auf welchem Weg Elisabeth von Meseritz das Kloster Marienbusch verlassen hat, ist unbekannt. Ob es eine Flucht war wie bei Katharina von Bora, der späteren Ehefrau Martin Luthers, oder ein ungehinderter Aufbruch, wissen wir nicht. Sie gelangte jedenfalls nach Wittenberg, wo sie im Haus Johannes Bugenhagens Unterschlupf fand. Im Sommer 1524 heiratete sie Caspar Cruciger, der aus Leipzig stammte und sich 1521 in Wittenberg niedergelassen hatte, um bei Luther und Philipp Melanchthon zu studieren. Eine Aufzeichnung über die Hochzeit Caspar Crucigers mit Elisabeth von Meseritz gibt einen Eindruck davon, wie solch eine Eheschließung in der Frühzeit der Reformation von Statten ging, bei der Martin Luther selber die Brautleute traute.

Wie Doctor Martinus Luther Caspar Creutziger und Elisabeth von Meseritz, Dienstag vor Viti, vor der Pfarrkirchen zu Wittenberg zusammengegeben hat.

Erstlich sagt er zum Bräutigam: Also steht geschrieben: Im Schweis deines Angesichts wirstu dein Brot eßen. Diese Lection hat Gott dir Caspar geben.

Folgend sprach Er zu der Braut: Du sollst deine Kinder mit Kummer gebären. Diese Lection hat Gott dir Elsa geben.

Nu ist eben das die Meinung, dass im ehelichen Leben Jammer und Not, Mühe und Arbeit ist. Wie ihr denn beide selbst wohl gelesen habt. Wo ihr euch nu darein mit einander begeben wollt, so mögt ihr das hier vor der Christlichen Gemeyn bekennen, Euch vor Gott das bekentniß zu geben.

Und sagt darauf zum Bräutigam: Caspar, was sagest Du darzu? Der Bräutigam antwortet: Herr Doctor, Ja.

Darnach sprach er zu der Braut: Elsa, was sagest Du darzu? Die Braut antwortet auch: Ja.

Do stecket Doctor Martinus dem Bräutigam und der Braut die Ringe an und sprach: Was Gott zusammengefügt, soll der Mensch nicht scheiden. Gab also den Bräutigam und die Braut mit den Händen zusammen und sagt: Seyd fruchtbar und mehret euch.

Damit hätt das Zusammengehen ein Ende. Ist er (Cruciger) also, der er geheyrathet, noch nicht Doctor, auch nur 20 Jahre alt gewesen.

Hochzeit halten vor 500 Jahren war also eine recht nüchterne Angelegenheit, in der vornehmlich die Mühsal der Ehe betont wurde. Für den Mann bedeutete die Ehe nach dieser Auffassung, im Schweiße seines Angesichts für das tägliche Brot und damit für den Unterhalt der Familie zu sorgen. Der Frau wiederum wurde vor Augen gehalten, dass sie ihre Kinder unter Schmerzen gebären werde.

Nichtsdestotrotz wurde aber anscheinend die Eheschließung gut gefeiert. So schrieb Johannes Bugenhagen an seinen Freund

Abb. 5
Das Leben der Hausfrau (re.), geziert mit der Taube als Symbol
des Heiligen Geistes, steht polemisch dem der klösterlich lebenden
Nonne gegenüber

Georg Spalatin, der Beichtvater des sächsischen Kurfürsten Friedrich der Weise war und zwischen dem Landesfürsten und Martin Luther die Kontakte pflegte:

Ich konnte nicht gleich antworten, weil ich zu Hause neben den häuslichen Geschäften die künftige Hochzeit unserer Elisabeth vorbereitete … Wir werden aber die Hochzeit am Dienstag Mittag und den ganzen Tag feiern, der von heute an der 13. Tag sein wird. Der Bräutigam aber, Kaspar Cruciger aus Leipzig, und die Braut, meine Elisabeth, ich und meine Gattin bitten, dass Du mit Freunden, die Du mitbringen willst, bei uns sein mögest … und wenn es Dir nichts ausmacht, etwas Wildbret zu schicken! Für ungefähr zehn Tische müssen wir Speisen bereiten, denn wir haben Rücksicht zu nehmen auf die Verwandtschaft der Braut …

Im Jahr 1524, dem Jahr ihrer Hochzeit, hat Elisabeth Cruciger auch ihr Kirchenlied »Herr Christ, der einig Gotts Sohn« geschrieben, das sie nach der Melodie eines geistlichen Liedes aus Erfurt verfasste.

Herr Christ, der einig Gotts Sohn, Vaters in Ewigkeit,
aus seim Herzen entsprossen, gleichwie geschrieben steht,
er ist der Morgensterne, sein Glänzen streckt er ferne
vor andern Sternen klar;

für uns ein Mensch geboren im letzten Teil der Zeit,
dass wir nicht wärn verloren vor Gott in Ewigkeit,
den Tod für uns zerbrochen, den Himmel aufgeschlossen,
das Leben wiederbracht:

lass uns in deiner Liebe und Kenntnis nehmen zu,
dass wir im Glauben bleiben, dir dienen im Geist so,
dass wir hier mögen schmecken dein Süßigkeit im Herzen
und dürsten stets nach dir.

Du Schöpfer aller Dinge, du väterliche Kraft,
regierst von End zu Ende kräftig aus eigner Macht.
Das Herz uns zu dir wende und kehr ab unsre Sinne,
dass sie nicht irrn von dir.

Ertöt uns durch dein Güte, erweck uns durch dein Gnad.
Den alten Menschen kränke, dass der neu' leben mag
und hier auf dieser Erden den Sinn und alls Begehren
und G'danken hab zu dir.

Auch hier zeigt sich Elisabeth wieder als eine Autorin, die ihre Bibel kennt und mit ihr theologisch umzugehen weiß. Gleich in den ersten Versen nimmt sie Bezug auf das Johannesevangelium. Luther hatte Johannes 1, Vers 18 in Hinblick auf Jesus folgendermaßen übersetzt: »der eingeborene Sohn, der in des Vaters Schoß ist.« Die letzte Liedstrophe wiederum hat Anklänge an die Worte, die Paulus den Römern schrieb: »Was sollen wir nun sagen? Sollen wir denn in der Sünde beharren, damit die Gnade umso mächtiger werde? Das sei ferne! Wie sollten wir in der Sünde leben wollen, der wir doch gestorben sind? Oder wisst ihr nicht, dass alle, die wir auf Christus Jesus getauft sind, die sind in seinen Tod getauft? So sind wir ja mit ihm begraben durch die Taufe in den Tod, damit, wie Christus auferweckt ist von den Toten durch die

Herrlichkeit des Vaters, auch wir in einem neuen Leben wandeln.«
(Römer 6,1–4)

Auch das altkirchliche Glaubensbekenntnis von Nizäa-Kons-
tantinopel mag Elisabeth zur ersten Strophe ihres Liedes inspiriert
haben, heißt es doch im 2. Glaubensartikel über Jesus Christus:
»Wir glauben an den einen Herrn Jesus Christus, Gottes einge-
borenen Sohn, aus dem Vater geboren vor aller Zeit: Gott von Gott,
Licht vom Licht, wahrer Gott vom wahren Gott, gezeugt, nicht geschaffen, eines Wesens mit dem Vater; durch ihn ist alles geschaffen.« (Evangelisches Gesangbuch 805)

Kennzeichnend für Elisabeths Dichtung ist aber auch die sinn-
liche Sprache, die in der mittelalterlichen Mystik ihre Wurzeln haben mag. Christus ist der Morgenstern, der weithin leuchtet vor
allen anderen Sternen. Seine Barmherzigkeit beschreibt sie als
eine »Süßigkeit des Herzens«, die zu schmecken ist und nach der
Menschen dürsten. Geistliche Erfahrungen, die sich nur schwer
in Worte fassen lassen, finden hier in einer sinnlichen Sprache ihren Ausdruck.

Auch fällt hier wiederum auf, dass die Glaubenden in unmittelbarer Beziehung zu Gott sind. Keine Heiligen, kein Lehramt, keine
Engel, keine Kirche stehen zwischen der Gläubigen und Gott. Nur
auf Christus allein, »solus Christus«, konzentriert sich dieses Lied.
Damit nimmt Elisabeth Cruciger eines der Grundprinzipien der
reformatorischen Lehre auf. Dabei meint »solus Christus« (Christus allein), dass ausschließlich durch das Heilswirken Jesu Christi
der Mensch erlöst und befreit wird, nicht durch eigene Handlun-
gen und Werke. Diese Argumentation wurde in den Auseinandersetzungen der Reformatoren mit der katholischen Kirche ergänzt
durch die weiteren Grundsätze der reformatorischen Theologie:
»Sola scriptura« (allein durch die Schrift), »sola fide« (allein durch
den Glauben) und »sola gratia« (allein durch die Gnade) findet der
Mensch zu Gott.

Indem Elisabeth Cruciger ein Kirchenlied schrieb, nahm sie den
sinnlichen Charakter des Glaubens auf. Denn der Glaube kommt
aus dem Hören des Evangeliums (Römer 10,17). Weil der Schall
des Evangeliums, der frohen Botschaft, an das Ohr dringt, können
seine Worte nie nur geistig, sondern auch körperlich und sinn-
lich empfunden werden. Deshalb ist die Musik für den Reformator Martin Luther so wichtig. In seiner Vorrede zum »September-

testament«, der ersten Auflage seiner Übersetzung des Neuen Testaments, die 1522 erschien, schreibt er: »Evangelion ist ein griechisch' Wort und heißt auf deutsch gute Botschaft, gute Mär ... davon man singet, saget und fröhlich ist.« Das Singen steht bei ihm also vor dem Sagen, wie es auch sein Weihnachtslied »Vom Himmel hoch, da komm ich her« deutlich macht, wo es gleich in der ersten Strophe vom Engel heißt »davon ich singen und sagen will«.

Da das Evangelium eine gute Botschaft ist, macht es den ganzen Menschen fröhlich und rührt alle seine Sinne an. »Da Gott durch seine Wunderwerke nicht allein prediget, sondern auch an unsere Augen klopfet, unsere Sinne rühret und uns gleich ins Herz leuchtet«, beschreibt es Luther. Und er kann in seinen Tischreden sagen: »Gott predigt das Evangelium durch die Musik.« Musik ist von daher kein beliebiges Attribut des christlichen Gottesdienstes, sondern sie gehört zu seinem Wesen.

Ein Jahr nach der Hochzeit von Elisabeth und Caspar Cruciger kam ihr erstes Kind zur Welt, ein Sohn, der wie der Vater auf den Namen Caspar getauft wurde. Die zweitgeborene Tochter erhielt den Namen der Mutter: Elisabeth. Caspar Cruciger der Jüngere wurde wie sein Vater Theologe. Nach dem Tod seines Lehrers Philipp Melanchthon im Jahr 1560 übernahm er dessen Lehrstuhl an der Wittenberger Universität, wurde allerdings wegen religiöser Auseinandersetzungen 15 Jahre später aus dem Kurfürstentum Sachsen ausgewiesen. Die Tochter Elisabeth heiratete in erster Ehe einen Rektor namens Kegel. Nachdem sie Witwe geworden war, vermählte sie sich mit Luthers ältestem Sohn Johannes.

Caspar Cruciger der Ältere, Elisabeths Ehemann, wurde 1528 Theologieprofessor in Wittenberg und übernahm das damit verbundene Amt des Predigers an der Schlosskirche. An der Seite Martin Luthers arbeitete er an Bibelübersetzungen und deren Druckvorbereitungen. Als Protokollant, z. B. von Luthers Predigten, erwarb er sich einigen Ruhm, sodass Zeitgenossen über ihn sagen konnten: »Die Lutheraner haben einen Schreiber, gelehrter als alle Päpstlichen!«

Über Elisabeths Leben als Pfarrfrau und Mutter, die einem Pfarrhaus vorstand, wissen wir nur weniges aus Briefen anderer. So schreibt Johannes Bugenhagen von Lübeck aus an Martin Luther:

Ein Freund sagt, dass ihr alle gesund seid, dass du mit Philipp (Melanchthon) ein Gastmahl gefeiert hättest ... Herr Philipp hätte mir nicht schreiben können, da er vom Gastmahl weg zur Prüfung der neuen Magister geeilt sei. In der Zwischenzeit hat jener nur einen Brief der Gattin unseres Crucigers an meine Frau gebracht. Darin stand nichts Schlimmes; dennoch sagt mir meine Vermutung, dass die kluge Frau uns verschwiegen haben könnte, wenn etwas Schlimmes passiert gewesen wäre. Deshalb schwankt mein Geist zwischen Hoffnung und Furcht, doch die Hoffnung beginnt stärker zu sein ...

1532 schreibt Martin Luther an Caspar Cruciger:

Gnade und Frieden. Gestern brachte deine Elisabeth ein goldenes Geschenk meiner Herrin (Käthe Luther) für ein Gastgeschenk vom Markt, mein Caspar, das sehr erwünscht und ein Zeichen der Dankbarkeit war. Ich schicke wiederum deiner Herrin (Elisabeth Cruciger) dieses Marktgeschenk, das zwar dem deinigen unähnlich ist, aber nicht unähnlich in der Absicht und dem Eifer, welches du nicht verachten mögest ... es könnte vom Hals herabhängen ... Leb wohl mit all den Deinen! Am Samstag des Heiligen Apostels Thomas 1532. Dr. Martinus Luther.

Die Familien Cruciger und Luther waren demnach freundschaftlich verbunden, beschenkten sich gegenseitig – manchmal sogar mit goldenen Kostbarkeiten – und pflegten einen vertrauten Umgang. Katharina von Bora, Luthers Ehefrau, war wie Elisabeth von Meseritz vor ihrer Ehe Nonne gewesen. Sie war wie diese eine der ersten Frauen, die es wagte, einen Theologen der neuen evangelischen Glaubensrichtung zu heiraten und damit das neue Rollenbild der evangelischen Pfarrfrau zu prägen. So gab es nicht nur zwischen den Männern viele Berührungspunkte, sondern auch zwischen den beiden Frauen.

Am 2. Mai 1535 starb Elisabeth in Wittenberg. Melanchthon beschreibt in einem Brief die Trauer ihres Mannes ob dieses Verlustes. »Cruciger nahm Sebaldus als Begleiter mit, damit er seine Trauer aufhebe, denn Cruciger hat die Gattin verloren.«

Und was wurde aus Elisabeths Traum, der sie als Predigerin auf die Kanzel der Schlosskirche zu Wittenberg geführt hatte? Ein halbes Jahrtausend sollte es noch dauern bis dieser Traum Wirklichkeit werden konnte und die evangelische Kirche in Deutschland Frauen ordinierte und sie mit dem Amt der Pastorin betraute. Innerhalb der Evangelischen Kirche in Deutschland (EKD) machten die kleinen Landeskirchen den Anfang. So waren die Landeskirchen Pfalz, Lübeck und Anhalt die Vorreiter und machten in der Mitte des 20. Jahrhunderts den Weg für die Frauenordination frei. Die pfälzische Synode verabschiedete 1958 das »Theologinnengesetz«, das Frauen und Männer im geistlichen Amt gleichstellte.

Waltraud Hübner wurde 1959 die erste Gemeindepfarrerin bundesweit. Waren zuerst nur unverheiratete Frauen zum Pfarrdienst zugelassen, wurde später diese »Zölibatsklausel« abgeschafft. Als letzte evangelische Landeskirche in Deutschland öffnete Schaumburg-Lippe 1991 das Pfarramt für Frauen.

Unter dem Einfluss der Frauenbewegung im 20. Jahrhundert, der ökumenischen Bewegung, der Erneuerung der katholischen Kirche nach dem Zweiten Vatikanischen Konzil und der Befreiungstheologie etablierte sich nach 1980 die feministische Theologie. Die Katholikin Catharina Halkes übernahm 1983 den weltweit ersten Lehrstuhl für Feministische Theologie im niederländischen Nimwegen. Im selben Jahr rückte die Schweizer Theologin Marga Bührig in das Präsidium des Weltkirchenrates. In Deutschland entstand »Schlangenbrut«, eine Zeitschrift für feministisch und religiös interessierte Frauen.

1989 hatte die Synode der EKD im badischen Bad Krozingen festgehalten: »Es ist anzustreben, dass in die Leitungs- und Beratungsgremien evangelischer Kirchen Frauen und Männer in gleicher Zahl gewählt oder berufen werden.« Mit diesem Leitsatz läutete die Synode der Evangelischen Kirche in Deutschland 1989 einen Reformprozess ein, der zu mehr Geschlechtergerechtigkeit innerhalb der Kirche führen sollte. Die Synode des Bundes der Evangelischen Kirchen in der DDR stellte im selben Jahr ebenfalls die Weichen in diese Richtung.

20 Jahre später ist manches umgesetzt worden, aber es bleibt noch vieles zu tun. Mit Maria Jepsen wurde 1992 in Hamburg die erste lutherische Bischöfin weltweit gewählt. 1999 folgte in Hannover Margot Käßmann als erste Bischöfin der größten deutschen evangelischen Landeskirche. Bis 2008 gab es in der Nordelbischen Kirche neben Maria Jepsen mit Bärbel Wartenberg-Potter im Sprengel Holstein-Lübeck sogar zwei Bischöfinnen und die Evangelische Kirche in Mitteldeutschland wählte 2009 Ilse Junkermann zu ihrer

Bischöfin. Von Oktober 2009 bis Februar 2010 stand erstmals in der Geschichte der evangelischen Kirche mit Margot Käßmann eine Frau dem Rat der EKD vor. Sie war damit, wenn auch nur für eine kurze Zeit, die höchste Repräsentantin aller Protestantinnen und Protestanten im Land der Reformation. In der Kanzelabkündigung, die ihrem Rücktritt als Landesbischöfin der hannoverschen Kirche am 24. Februar 2010 folgte, heißt es: »Als eine der ersten Frauen im Bischofsamt und als erste Ratsvorsitzende in der Evangelischen Kirche hat sie vielen Frauen Mut gemacht, sich in einer Kirche, die über Jahrhunderte von Männern geprägt war, mutig und couragiert einzubringen.«

So gilt einerseits die Frauenförderung seit 1989 als Daueraufgabe in der Kirche, denn weitere Vorsätze von damals müssen umgesetzt werden: Ein angemessener Platz für die theologische Frauenforschung sowie eine Sprache in Verwaltung und Liturgie, die durchgängig Frauen und Männer berücksichtigt. Darüber hinaus hatte die Synode eine Quote beschlossen, mit der innerhalb von zehn Jahren der Anteil der Frauen in Leitungspositionen auf 40 Prozent zu erhöhen sei. Die Synodenbeschlüsse von Bad Krozingen markieren eine Zäsur im Umgang der evangelischen Kirche mit Frauen und bedeuten einen Bruch mit der auch theologisch begründeten Tradition, die die Benachteiligung von Frauen über Jahrhunderte hinweg rechtfertigte.

Andererseits sprechen manche Zahlen auch nach 20 Jahren Reformprozess zur »Neuen Gemeinschaft von Frauen und Männern« von einem Treten auf der Stelle. Denn der Maßstab von 40 Prozent Frauen in kirchlichen Leitungspositionen ist auch nach 20 Jahren unerreicht. Momentan sind in der EKD 74 Prozent der Beschäftigten im Kirchendienst weiblich. Trotzdem sind nur knapp ein Drittel der evangelischen Pfarrer weiblich. Unter den Geistlichen stellen Frauen aber die Mehrzahl derjenigen, die in Teilzeit beschäftigt sind. Mehr als die Hälfte derjenigen, die aktuell Theologie studieren, sind Frauen und so wird die evangelische Kirche in Zukunft nicht nur in ihrer ehrenamtlichen Arbeit maßgeblich von Frauen getragen und geprägt sein, sondern zunehmend auch durch ihre hauptamtlichen Würdenträgerinnen.

In einer multireligiösen Gesellschaft ist das Eintreten für Geschlechtergerechtigkeit ein deutlich sichtbares Alleinstellungsmerkmal der evangelischen Kirche. Nach 500 Jahren Reformationsgeschichte in Deutschland ist es selbstverständlich, dass Frauen im Talar auf der Kanzel predigen. So hat sich der Traum Elisabeth Crucigers erfüllt, auch wenn noch einiges zu tun bleibt in Bezug auf die Geschlechtergerechtigkeit in Kirche und Gesellschaft.

Geboren

Um 1500 im Grenzgebiet zwischen Polen und Pommern als Elisabeth von Meseritz

Gestorben

1535 in Wittenberg

Leben

Sie heiratete 1524 den Wittenberger Reformator und Gelehrten Caspar Cruciger, nachdem sie zuvor das Kloster Marienbusch bei Treptow verlassen hatte. Dort hatte sie in einem Konvent der Prämonstratenserinnen als Nonne gelebt. Als Autorin von Kirchenliedern, von denen nur eines noch überliefert ist, gilt sie als erste Dichterin des Protestantismus

Werk

Das Kirchenlied: »Herr Christ, der einig Gotts Sohn«

Ursula von Münsterberg

Eine Nonne flieht aus dem Kloster

Es ist nicht alles Gold, das gleißt. Denn wer wollte doch unter einem solchen säuberlichen Schein menschlicher Heiligkeit eine solche große Gefahr suchen? Wir glauben's auch nicht, wenn wir selber nicht so tief darinne gesteckt hätten

Ursula von Münsterberg in ihrer Rechtfertigungsschrift zum Verlassen ihres Klosters, 1528

Eine vom Klosterleben enttäuschte Nonne legt ausführlich in einem Bericht dar, warum sie nicht länger in ihrem Konvent bleiben kann, in dem sie doch aufgewachsen ist und viele Jahre ihres Lebens verbracht hat. Diese desillusionierte Frau ist nicht irgendwer, sondern sie ist die Enkelin des böhmischen Königs Georg Podiebrad, Cousine der regierenden Herzöge Georg und Heinrich von Sachsen, und daher selbst eine durchlauchte und hochwohlgeborene Herzogin: Ursula von Münsterberg. In 69 Artikeln rechtfertigt sie ihren Schritt, die bergenden Klostermauern des Ordens der heiligen Maria Magdalena von der Buße in Freiberg (Sachsen) zu verlassen. Als sie diese Rechtfertigungsschrift verfasst, lebt sie nach eigenem Bekunden noch im Konvent. »Vollendet und geschrieben mit unserer eigenen Hand, am 28. April 1528« ist unter ihrem Schreiben zu lesen. Erst Monate später wird sie gemeinsam mit zwei weiteren Nonnen, der Freiberger Bürgerstochter Dorothea Tanberg und der Leipziger Bürgerstochter Margaretha Volckmar, aus dem Kloster fliehen. Am Abend des 6. Oktober hören die Mitschwestern zwar ein ungewöhnliches Pochen an einer der Türen des Konvents, denken sich aber weiter nichts dabei. Erst am nächsten Morgen wird an der Gartentür ein Schleier gefunden und die Flucht der drei Nonnen wird offenkundig. Warum verlassen drei junge Frauen ihr Kloster, um einer sehr ungewissen

Zukunft entgegen zu gehen? Ursula von Münsterberg legt ihren Zeitgenossen die Gründe ausführlich dar.

»Solch alles, lieben Freunde, die ihr seid unsere Brüder und Schwestern in Christo, Eines Glaubens und Einer Taufe (Epheser 4,5), haben wir euch öffentlich wollen an Tag geben, auf das ihr kennen möget, dass die Verlassung unsers Ordens nicht herfließe aus einem leichtfertigen Gemüte, sondern aus mächtigen, wichtigen und ernsten Sachen, in denen kein Schimpf nicht vorzuwenden ist.«

Sie wird nicht müde in ihrem Bericht zu betonen, dass sie nicht aus Leichtfertigkeit gehandelt habe, »sondern dieweil ich schuldig bin, vor Gottes Gericht Rechenschaft zu geben für meine Seele«. Auch nicht aus einer Gemütslaune heraus ist nach eigenem Bekunden ihr Schritt geschehen, »sondern allenthalben bewogen und wohlbedacht.«

Denn Ursula von Münsterberg hatte sich bereits etliche Zeit vor ihrer Flucht aus dem Kloster mit reformatorischem Gedankengut beschäftigt. Die Ehefrau ihres Cousins Heinrich, Herzogin Katharina, spielte dabei eine besondere Rolle. Ursula hatte mit ihren Vettern Georg und Heinrich einen Teil ihrer Kindheit verbracht. Geboren in den Jahren zwischen 1491 und 1495, verlor sie beide Eltern schon als Kind. Ihre Mutter Margaretha, Tochter des Markgrafen Bonifazius von Montferrat, starb bereits 1496, ihr Vater Viktorin, Herzog von Troppau, nur vier Jahre später. Aufgenommen wurde sie daraufhin von ihrer Tante Zdena, der Schwester ihres Vaters. Zdena war die Ehefrau Herzog Albrecht von Sachsens und Mutter der beiden Brüder Georg und Heinrich, mit denen Ursula einige Jahre ihrer Kindheit verlebte. Wann genau sie in das Kloster zu Freiberg gegeben wurde, ist unklar, vermutlich aber bereits in Kinderjahren. Vom neunten bis zum fünfzehnten Lebensjahr konnten Kinder in Klöstern aufgenommen werden. Ursulas Mitgift beim Eintritt in den Konvent war sehr bescheiden und nach dem Wunsch der Tante sollte sie gehalten werden wie eine gewöhnliche Nonne.

Die familiären Bande waren anscheinend auch durch das Leben im Kloster nicht gerissen. So sind zwei Briefe Ursulas überliefert, in denen sie eine Cousine um finanzielle Unterstützung bittet, da sie ihre Ausgaben selber nicht bestreiten konnte. Ferner scheint es einen engen Kontakt zur Frau ihres Vetters Heinrich, Herzogin

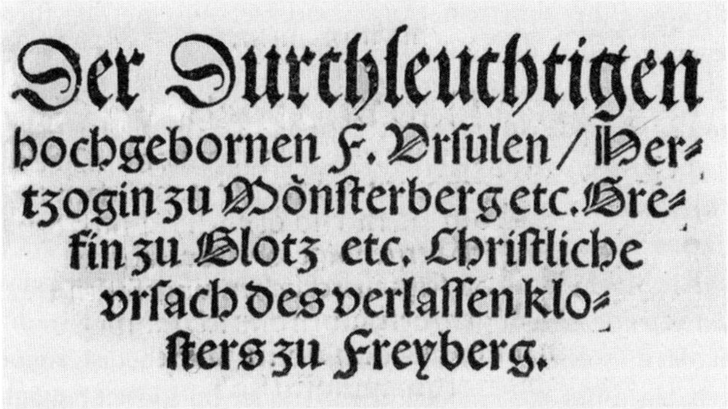

Der Durchleuchtigen hochgebornen F. Ursulen / Hertzogin zu Mönsterberg etc. Greffin zu Glotz etc. Christliche vrsach des verlassen klosters zu Freyberg.

Abb. 6
Die ehemalige Nonne Ursula von Münsterberg verfasste eine Rechtfertigung über das Verlassen ihres Klosters

Katharina, gegeben zu haben. Laut Auskunft einer Mitschwester, die nach Ursulas Flucht aus dem Kloster vernommen wurde, war es die Herzogin selber, die heimlich Schriften Martin Luthers in das Kloster schmuggeln ließ, so dass Ursula sie lesen konnte. Dahinter stand ein nicht unerheblicher Konflikt in der Herrscherfamilie selber. Georg von Sachsen, auch genannt Georg der Bärtige und älterer Bruder Heinrichs, war ein entschiedener Gegner Martin Luthers. Bereits 1523 ließ Georg alle Luther-Bibeln in seinem Land beschlagnahmen und schloss sich mit katholischen Fürsten zu einem Bündnis gegen die Reformation zusammen. Doch er konnte nicht verhindern, dass die neue Lehre in seinem Herrschaftsgebiet immer mehr an Einfluss gewann. Sein Bruder Heinrich, genannt Heinrich der Fromme, war seit 1512 mit Katharina von Mecklenburg verheiratet und der Reformation gegenüber sehr aufgeschlossen. In Freiberg, wo Heinrich und Katharina residierten, setzten sie auch gegen den Willen Georgs lutherische Prediger in den Klöstern ein. Als Georg 1539 starb, folgte ihm Heinrich in der Regentschaft und setzte unmittelbar nach Machtantritt die Reformation in seinem gesamten Land um. So dürfte der Anteil Herzogin Katharinas an der Flucht Ursula von Münsterbergs aus dem Kloster nicht unerheblich gewesen sein, da sie zumindest geistlich den Weg dazu mit vorbereitet hatte.

Ursula benennt in ihrer Rechtfertigungsschrift zum Verlassen ihres Klosters klar und unmissverständlich ihre Glaubenskonflikte sowie ihre ernsthafte Auseinandersetzung mit den theologischen Gründen, die zu ihrer Flucht führten. So schreibt sie über die Klostergelübde von Gehorsam, Keuschheit und Armut: »Und eben die Gelübde, so sie sagen, unsere Seligkeit soll darinne stehen, die sind es, die uns von Gott reißen, und werfen uns in Ungewissheit und ewige Verdammnis; derhalben wir sie haben müssen verlassen.« Denn »eben in dem, da wir durch Annehmen des Ordens uns haben wollen seligen, Sünde tilgen, Heiligkeit über alle andere zu erlangen uns unterstanden. Und das nicht durch Christum, der zu solchem von Gott gesandt und verordnet ist, sondern durch dies unser Werk.« Nach allem, was sie im Kloster tagtäglich zu hören bekam, seien Klosterleute durch die Annahme der Gelübde von »Pein und Schuld« befreit, ja, die Gelübde seien sogar einer zweiten Taufe gleichzusetzen.

Ursula tritt dieser Auffassung, die Klostergelübde seien wie eine zweite Taufe, empört entgegen.

Dieweil wir Christo in der Taufe verbunden sind mit unauflöslichem Bande ehelicher Gemahlschaft durch den Glauben … sondern haben uns auch eine eigene und erdichtete Gemahlschaft zugerichtet, in welcher wir, des Teufels Hoffahrt vollkommen zu machen, mit Ehebrechers Büberei aus der keuschen Ehe Christi getreten sind, nämlich in dem, dass wir neben Gott, so unser vertrauter Bräutigam durch das Verbündnis des Glaubens, mit einem anderen die Ehe brechen, nämlich, mit unseren erdichteten Werken, in welche wir vertrauet haben; und haben uns dennoch wohl dürfen rühmen, wir sind Bräute Christi, haben uns noch wohl dazu dürfen überheben über andere Christen, welche wir des unwürdig geschätzt haben.

Eine ganz spezifisch weibliche Deutung der Verbundenheit mit Jesus Christus tritt hier zu Tage, indem Ursula sich als Braut Christi versteht und die Taufe als eine eheliche Gemeinschaft mit ihm auffasst. Demgegenüber stehen die Klostergelübde als selbst ausgedachte menschliche Werke, die diese eheliche Gemeinschaft in der Taufe wie eine Form von Ehebruch zerstören.

Ursula bekennt freimütig, dass sie trotz aller Gelübde nie ihre Glaubenszweifel verlor. Denn sie habe stets das Gefühl gehabt, »dass wir unser Gebäude auf einen gefährlichen ungewissen Grund gesetzt haben, auf welchen wir alle Augenblick mit Furcht und Zittern gewärtig sein müssen eines großen und unwiederbringlichen Falls.« Sie beschreibt diesen Zustand sehr anschaulich.

Wir werden wie ein Rohr vom Winde hin und her getrieben in unserem Glauben, und werden mächtig angestoßen mit starkem Platzregen des Erschreckens und Zweifels an Gott, und denn mit starken Winden menschlicher Lehren, und mit großem Gewässer der Anfechtung, dass wir fühlen, dass wir gar nicht länger bestehen können in unserem Glauben.

Der Zwang des Klosterlebens beschwert sie, so dass sie schreiben kann: »Derhalben bekennen wir öffentlich, dass dieser Stelle und Ortes kein frei Bekenntnis gewesen ist, sondern eitel Furcht und Angst, und die vor den Menschen und nicht vor Gott.«

Sieben Gründe führt sie an für ihren Entschluss nicht länger im Kloster zu bleiben. Da ist zum einen die grundsätzliche theologische Überzeugung: Nur durch den Glauben sind Menschen vor Gott gerechtfertigt und eben nicht durch eigene Werke. Daher ist in Ursulas Augen der Weg, durch das Klosterleben selig zu werden, ein falscher Weg. Sie nennt darüber hinaus weitere Argumente. So widmet sie sich dem Zwang des Klosterlebens, der für sie u. a. darin bestand, am Abendmahl teilnehmen zu müssen, ohne wirklich »eine hungrige Seele« zu haben sowie dem unnötigen Fasten, das ihren Körper schwächte. »Wir bezeugen aber vor Gott und aller Welt, dass in unserm Vermögen nicht gewesen ist, in der Nacht aufzustehen und über den Tag stets zu singen und lesen, und zugleich mit ihnen zu fasten, welches viel ist über Jahr, und gleicher Speise und Tranks mit ihnen zu gebrauchen, so wir fühlen unserer Gesundheit entgegen und unserm schwachen Leibe unträglich.«

Der dauerhafte Streit unter den im Kloster lebenden 77 Nonnen war für sie ein weiterer Grund. »Solche Liebe und Friede können wir dieser Stelle und Ortes nicht spüren, sondern eben das Widerspiel, und dass diese Worte Christi in vollem Schwang gehen, Matth. 10,36: ›Des Menschen Feinde werden seine eigenen Hausgenossen sein‹.« Ihr letztes Argument gilt der Nächstenliebe und der Seelsorge der christlichen Gemeinde. Durch das abgeschlossene Klosterleben seien weder tätige Nächstenliebe noch seelsorgerliche Arbeit möglich, obwohl Ursula die Not vieler außerhalb des Klosters gesehen habe. »Hätten auch oft gewußt, kranken Leuten Rettung zu tun mit Heimsuchung, Wartung und Handreichung; desgleichen auch sterbenden Leuten mit Gesellschaft zu leisten, sie zu trösten und stärken mit dem Wort Gottes, welches zu der Zeit auf höchste vonnöthen ist, … ist uns aber nicht gestattet.«

Die Reformatoren hatten früh begonnen, gegen das Klosterleben zu argumentieren. So forderte Martin Luther bereits 1520
in seiner Schrift »An den christlichen Adel deutscher Nation« die
Klöster sollten in Schulen verwandelt werden. Seine Kritik machte
sich u. a. an den Gelübden fest, die wie ein »ewiges Gefängnis«
wirkten. Andreas Bodenstein, genannt »Karlstadt«, in den frühen
Jahren der Reformation einer der Mitstreiter an Luthers Seite in
Wittenberg, wurde in seiner 1521 erschienenen Flugschrift »Unterrichtung von den Gelübden« noch deutlicher. Die Klostergelübde
seien nicht bindend, argumentiert er, daher könnten Klosterleute
mit gutem Gewissen ihren Konvent verlassen und heiraten. Er kritisierte vehement die besonders in Klöstern praktizierte Heiligen-
verehrung. »Sankt Klara ist kein Gott, Franziskus ist nicht Gott!
Ich glaube nur an einen Gott und gedenke der Heiligen Schrift, die
sagt: ›Höre Israel, dein Gott ist einzig, und er ist allein ein Gott‹.«
Ebenso setzte sich 1521 Philipp Melanchthon kritisch mit den klösterlichen Gelübden auseinander. In seinem theologischen Lehrbuch, den »Loci«, schreibt er: »Die Schrift gebietet weder, irgend-
ein Gelübde abzulegen, noch rät sie es. Gott billigt aber nur das,
was er gebietet oder anrät.« Ein Jahr später machte Martin Luther
in seiner auf der Wartburg verfassten Schrift »Von den Mönchs-
gelübden« seine Position klar.

Nach seiner Rückkehr von der Wartburg nach Wittenberg fand
Luther sich zudem mit der Frage konfrontiert, ob er auch prak-
tische Hilfe beim Verlassen eines Klosters leisten wolle und könne.
Neun Nonnen des Klosters Nimbschen bei Grimma wollten ihren
Orden verlassen, bekamen aber in ihren eigenen Familien keine
Unterstützung. Luther fand für die Entführung der Nonnen aus
dem Kloster den angesehenen Torgauer Ratsherren und Kauf-
mann Leonhard Koppe, der Ostern 1523 den Klosterfrauen zur
Flucht verhalf. Unter den neun Geflüchteten befand sich auch Katharina von Bora, die gemeinsam mit den anderen am 7. April in
Wittenberg eintraf. 1525, im Jahr des Bauernkrieges, haben Martin
Luther und Katharina von Bora geheiratet. In einem offenen Brief
an Leonhard Koppe, verfasst direkt nach der Flucht der neun Nonnen, schreibt Luther über »Ursache und Antwort, dass Jungfrauen
Klöster göttlich verlassen dürfen«. Er macht in dieser Schrift deutlich, dass ein Mensch vor der Welt wohl gezwungen werden kann
zu Dingen, die er nicht gerne tue. »Aber vor Gott und in Gottes

Dienst soll und kann kein Werk noch Dienst erzwungen und ungerne geschehen.« Schädliche und unchristliche Gelübde seien daher nicht zu halten, denn Gott werde die Gelübde verdammen, »die der Seele Schaden und Verderben sind.« Daher schlussfolgert er, »dass man aus Klöstern zu laufen helfen und raten soll, damit die Seelen herausgerissen, -geführt, gestohlen und geraubt werden, wie man kann, ohne Rücksicht darauf, ob tausend Eide und Gelübde abgelegt worden wären.«

Manche Reformatoren nahmen dabei allerdings auch keine Rücksicht auf den Willen der im Kloster lebenden Frauen. Ein unrühmliches Beispiel ist aus der Reichsstadt Nürnberg überliefert, in der der Rat der Stadt – gemeinsam mit dem Reformator Andreas Osiander – einen nicht unbeträchtlichen Eifer an den Tag legte, um Nonnen aus den Klöstern durch Anwendung von Gewalt zu zwingen. Gut dokumentiert sind dabei die Geschehnisse um das Klarissenkloster, dem als gebildete, geistesgewandte und selbstbewusste Äbtissin Caritas Pirckheimer vorstand. Sie war die Schwester von Willibald Pirckheimer, einem weitgereisten und hochgebildeten Juristen, Diplomaten und Geschichtsschreiber, und entstammte einer angesehenen Nürnberger Patrizierfamilie. In ihren »Denkwürdigkeiten der Äbtissin Caritas Pirckheimer« schildert sie eindrücklich den Zwang, unter den sie zunehmend mit ihren Klosterschwestern geriet. Ihre franziskanischen Beichtväter wurden ihnen entzogen und sie mussten zwangsweise evangelischen Predigern zuhören, die sie beschimpften. Anwesenheitskontrollen wurden durchgeführt. Damit nicht genug wurde auch kontrolliert, ob die Nonnen sich nicht mit Wolle die Ohren zugestopft hatten. Unter Zwang sollten die Klosterfrauen weltliche Kleidung tragen und ihre Nonnentracht ablegen. Bei den Stundengebeten flogen Steine über den Lettner auf die versammelten Klosterschwestern, auf dem Friedhof vor dem Kloster wurden von Anhängern der Reformation Spottlieder gesungen. Eltern holten ihre erwachsenen Töchter gegen deren Willen und unter Anwendung von körperlicher Gewalt aus dem Kloster. In einem Gutachten rechtfertigte Andreas Osiander dieses Verhalten ausdrücklich und empfahl, die widerspenstige Äbtissin Caritas Pirckheimer aus der Stadt zu weisen.

Caritas Pirckheimer, die zeitlebens mit vielen angesehenen Humanisten und Gelehrten in brieflichem Austausch stand, wandte sich in ihrer Not an ihren Bruder Willibald, der wiederum einen regen Briefwechsel mit Philipp Melanchthon unterhielt. Pirckheimer schildert in diesem Brief, der nur noch fragmentarisch erhalten ist, die Bedrängnisse der Klarissen und äußert die Vermutung, dass Melanchthon, wenn er die Situation vor Ort genau kenne, erschüttert wäre. Bei einer Reise Melanchthons nach Nürnberg kam es 1525 zu einem langen Gespräch zwischen Caritas Pirckheimer und dem Wittenberger Reformator. Melanchthon erklärte dabei, dass niemand mit Gewalt gezwungen werden könne, ein Kloster zu verlassen. Denn im Kloster könne man ebenso selig werden wie in der Welt, sofern man die gegebenen Gelübde nicht als verdienstlich ansehe. Waren für Melanchthon die Klostergelübde jedoch nicht ewig bindend, so sah Äbtissin Caritas Pirckheimer dies anders und betonte, Gott gegebene Versprechen müsse man halten. Trotz dieser Meinungsverschiedenheit gab es in vielen Dingen eine große Übereinstimmung der Beiden und Caritas Pirckheimer äußerte sich mehrfach nach der Begegnung positiv über Melanchthon und wünschte, alle Evangelischen mögen so weitherzig handeln wie er. Als Folge der Begegnung sprach sich Melanchthon dem Rat der Stadt Nürnberg gegenüber sehr deutlich gegen Gewaltmaßnahmen in Klöstern aus.

Mit Androhung von Zwangsmaßnahmen hatte auch Ursula von Münsterberg nach ihrer Flucht aus dem Kloster zu kämpfen. Kaum hatte sie am 6. Oktober 1528 heimlich das Kloster verlassen, folgt am 10. Oktober der erste Brief ihrer Vettern Georg und Heinrich an den lutherischen Kurfürsten Johann, in dessen Gebiet Ursula geflohen war. Darin fordern die Brüder, dass die aus Freiberg entflohenen Nonnen aufzuspüren seien und »an den Ort möchten gebracht werden, dahin sie sich durch ihren Eid ergeben haben.« Unter Gewaltanwendung sollten die drei Geflüchteten also wieder zurückgebracht werden in ihr Kloster.

Ein reger Briefwechsel der Regenten setzt daraufhin ein. Kurfürst Johann antwortet am 13. Oktober, er werde in Erfahrung bringen, wo die drei seien, wolle sie und deren Gründe zur Flucht aber anhören, bevor er handle. Am 16. Oktober kommen die drei Frauen in Wittenberg an, zwei Tage später schreibt Ursula an Johann, dass sie nicht ohne sein Wissen seinen Herrschaftsbereich verlassen werde. »Bin der gewissen Zuversicht zu Euer Liebden und einem jeden, so des heiligen Evangeliums Bericht hat, sie werden aus meinem Bericht, so ich schon schriftlich verfasst, als ich noch in schwerer Angst und Gefängnis meiner Seele gelegen bin … erfahren, dass ich mich samt meinen zwei Jungfrauen aus keinem Vorwitz noch leichtfertigem Gemüt aus dem Kloster begeben habe. Dafür nehme ich Gott und mein Gewissen zu Zeugen … Überdies begehre ich nichts auf dieser Welt, wenn ich sollte diese Stunde vor Gottes Gericht gehen. Darauf will ich frei und fröhlich sterben.«

Daraufhin informiert am 8. November Johann die beiden Brüder Georg und Heinrich, dass Ursula sich in Wittenberg aufhalte. Sie könnten ihrerseits Gesandte nach Wittenberg schicken, er selbe werde auch Vertrauensleute dorthin beordern, damit sie sich von Ursula selber darlegen ließen, weshalb sie das Kloster verlassen habe. Die Absage auf dieses Angebot erfolgt prompt am 15. November, denn die beiden Herzöge befürchten, »dass sich die ganze lutherische Synagoga dieser Sache annehmen und unsere Abgeordneten in eine weitläufige Disputation führen werde, woran uns denn gar nicht gelegen ist.« Sie erneuern vielmehr noch einmal ihre Forderung, Ursula per Zwangsmaßnahme in ihr Kloster zurückzubringen sowie alle »mit Ernst« zu bestrafen, die ihr behilflich gewesen seien.

Da die Herzöge auf sein Gesprächsangebot nicht eingehen, will Johann die Sache nun auf sich beruhen lassen und legt seinem Antwortbrief eine Kopie der Rechtfertigungsschrift Ursulas bei. Er erwähnt noch, dass diese Schrift demnächst auch veröffentlicht werde. Georg versucht in einem weiteren Brief, die Veröffentlichung zu verhindern. Als Grund gibt er an: »Denn wenn sie das vorhat, würde es den frommen Geistlichen und fügsamen Kindern, die sich ihrer Pflicht gemäß im Kloster aufhalten, nicht wenig zum Ärgernis und zum Bösen gereichen und vor ihrer Verwandtschaft schwerlich zu verantworten sein. Dadurch würde auch weiter Geschimpfe erregt, dergleichen möchten viele arme unverständige Seelen aus Einfalt verursacht werden, von ihrem christlichen zu einem gottlosen Wesen abzufallen, wie man denn an vielen Orten jetzt hin und wieder findet.« Darauf wiederum antwortet Johann, Ursulas Rechtfertigungsschrift zum Verlassen ihres Klosters sei bereits veröffentlicht, und er habe nichts darin finden können, was ungebührlich und unbegründet sei. Diese Abhandlung Ursulas zu den Gründen ihrer Flucht aus dem Kloster werde vielmehr denen, »so im gleichen Gefängnis der Gewissen verhaftet, zur Besserung und zum Trost gereichen.«

So erscheint Ursulas Schrift im Druck, versehen mit einem Nachwort Martin Luthers. Darin schreibt Luther, es gebe zwar schon so viele Rechtfertigungsschriften zum Verlassen von Klöster, dass »bei den Unseren solche Büchlein schier ein Überdruß worden sind, und die Kinder allenthalben auf der Gasse genugsam davon singen«, aber er habe sich trotzdem dazu entschlossen, gerade diese Schrift in den Druck zu geben.

Als ersten Grund dafür nennt er die adlige Herkunft der Verfasserin.

Die vornehmste und erste (Ursache zur Veröffentlichung, S. D.) ist, Gott und sein heiliges Wort zu preisen und loben, welches durch seine Gnade so kräftig in der Welt wächst und zunimmt, dass es nicht allein gemein geringer Stände Volk zu Christo bringt, sondern auch aus den hohen, königlichen und fürstlichen Stämmen Gottes Auserwählte wunderbarlich gewinnt, ungeacht und unangesehen alle Mühe und Arbeit, Fleiß und Sorge, Kost und Zehrung des wütigen Satans, so er durch seine Glieder drauf wendet und übt, sonderlich solchen hohen Stämmen das Wort Gottes zu wehren und hindern.

Außerdem hegt Luther mit der neuerlichen Veröffentlichung einer Druckschrift, die zum Verlassen der Klöster gute Argumente bietet, die Hoffnung, doch noch möglichst viele von der Richtigkeit dieses Schrittes zu überzeugen. Er wolle die Gegner mit »solchen Schriften und Exempeln reichlich überschütten, damit sie ja keine Entschuldigung haben mögen und desto tiefer sich selbst verdammen.« Schlussendlich ist es für ihn ein »Wunderwerk Gottes«, dass eine Fürstin aus dem »fest und hart« verschlossenen Kloster in Freiberg fliehen konnte. Auch dies ist für ihn ein Grund ihre Schrift zu veröffentlichen und in den Druck zu geben.

Bis zum Ende des Jahres 1528 blieben die drei ehemaligen Nonnen Ursula von Münsterberg, Dorothea Tanberg und Margaretha Volckmar in Wittenberg. Dann reiste Ursula gemeinsam mit Dorothea zu ihrer verheirateten Schwester nach Marienwerder, von wo aus sie weiter brieflich in Kontakt zu Luther blieb. 1530 lebte sie bei ihrem Vetter Herzog Friedrich II. in Liegnitz. An ihn ist auch ihr letztes bekanntes Lebenszeichen adressiert, ein Brief vom 2. Februar 1534. Wann und wo sie gestorben ist, wissen wir nicht.

Über eine ihrer Vertrauten, die mit ihr geflohene Margaretha Volckmar, ist weiter nichts bekannt. Von Dorothea Tanberg ist überliefert, dass sie einen Pfarrer in der Nähe von Dresden heiratete.

Dem Beispiel Ursula von Münsterbergs sollten noch weitere Nonnen des Klosters Freiberg folgen. Im Juni 1529 trafen bei Luther in Wittenberg drei weitere entflohene Klosterfrauen ein, im Januar 1532 folgten noch einmal mehrere Konventualinnen des Magdalenenklosters.

So schritt die Auflösung der Klöster überall dort voran, wo die Reformation an Einfluss und Macht gewann. Sie brachte den Frauen, die nicht mehr im Kloster leben wollten, eine neue Freiheit. Außer dem Modell der Ehefrau, deren Status durch die reformatorische Lehre enorm aufgewertet wurde, bot sich den ehemaligen Nonnen aber keine neue Lebensform. Die Reformatoren schufen keine Ämter in der Kirche für Frauen. Hatte in der katholischen Kirche die Äbtissin eines Frauenklosters auch weiterhin ein kirchliches und geistliches Amt, so gab es über Jahrhunderte hinweg nichts Vergleichbares in der evangelischen Kirche. Zwar wurde ganz zu Beginn der Reformation in Straßburg darüber diskutiert, weibliche Diakone zu installieren, die Idee aber nie in die Wirklichkeit umgesetzt. Katharina Zell hatte in ihren Ausführungen zu Reformen im »Blatternhaus« ihrer Heimatstadt Straßburg 1557 als seelsorgerliche Begleitung der Kranken nicht nur einen »Hausvater«, sondern auch eine »Hausmutter« gefordert. Aber auch dieser Vorstoß fand keinen Widerhall.

So öffneten sich für die Frauen, die die Klostermauern als Gefängnis empfanden, wie es Ursula von Münsterberg eindrucksvoll in ihrer Rechtfertigungsschrift darlegte, neue Möglichkeiten und Lebensperspektiven. Durch die Auflösung der Klöster wurde aber Frauen auch eine Perspektive versperrt, ihr Leben außerhalb der Ehe in einem autonomen, nicht von Männern dominierten Raum zu gestalten.

Vornehmlich in Niedersachsen haben sich auch nach der Reformation Evangelische Damenstifte erhalten, in denen unverheiratete adelige Töchter ein evangelisches Klosterleben führten. Allein im Bereich der Klosterkammer Hannover gibt es bis heute 15 Klöster und Stifte, die sich als »Lern-, Begegnungs- und Erfahrungsorte für Frauen« verstehen.

Unter dem Titel »Verbindlich leben – Kommunitäten und geistliche Gemeinschaften in der Evangelischen Kirche in Deutschland (EKD)« widmete sich in einem Votum der Rat der EKD im Jahr 2007 dem Leben in den mittlerweile etwa 120 geistlichen Gemeinschaften und rund 100 diakonischen Gemeinschaften auf evangelischer Seite. Darunter finden sich etwa ordensähnliche Kommunitäten und Klöster, Bruder- und Schwesternschaften sowie Familiengemeinschaften. Die Mitglieder leben nach bestimmten Regeln oder einer kommunitären Ordnung. Die Kommunitäten finanzieren sich überwiegend durch die gemeinsame Arbeit oder Einkünfte aus Berufstätigkeit. Zudem werden viele Kommunitäten von Freundes- und Förderkreisen finanziell unterstützt.

In seinem Vorwort würdigte der damalige Ratsvorsitzende Bischof Dr. Wolfgang Huber die evangelischen Kommunitäten und geistlichen Gemeinschaften als »Schatz der evangelischen Kirche, den es zu fördern und zu festigen gilt«, weil »die evangelische Spiritualität auf Gemeinschaften angewiesen ist, die dem gemeinsamen geistlichen Leben gewidmet sind.« Dabei zeige sich, dass die evangelischen Kommunitäten und geistlichen Gemeinschaften eine zukunftsträchtige Form des geistlichen Lebens sind, insofern sie als Kraftorte des Glaubens und als Leuchttürme evangelischer Spiritualität nicht nur intensive geistliche Arbeit mit ökumenischer Weite verbinden, sondern in ihrer Mischung aus Autonomie und Alternative auch das Potenzial haben »kommunitäre Profilgemeinden« zu bilden. So findet in der evangelischen Kirche momentan eine neue Würdigung des geistlichen Lebens in einer verbindlichen Gemeinschaft statt. Auch die Angebote eines »Klosters auf Zeit«, wie sie mittlerweile von vielen als Ruhezeiten geschätzt werden, deuten auf eine Neuentdeckung der Möglichkeiten des Klosterlebens hin, die sich in evangelischer Freiheit ergeben.

Geboren

In den Jahren zwischen 1491 und 1495 als Enkelin des böhmischen Königs Georg Podiebrad

Gestorben

Unbekannt

Leben

Wuchs als Waise am herzoglichen Hof Albrecht von Sachsens und im Kloster des Ordens der heiligen Maria Magdalena von der Buße in Freiberg (Sachsen) auf. 1528 floh sie aus dem Kloster und rechtfertigte diesen Schritt in einer selbstverfassten Schrift

Werk

»Frau Ursulen, Herzogin zu Münsterberg, christliche Ursachen des verlassenen Klosters zu Freiberg, mit Luthers Nachschrift« aus dem Jahr 1528

Wibrandis Rosenblatt

Die Frau an der Seite der oberrheinischen Reformatoren

Ihr Musen weint, Rosen gebt traurige Zeichen;
denn die herrliche Rose liegt darnieder, die segenspendende Muse
liegt da! …
Lieblich war diese Rose, und kaum eine schönere trugen
je die Gefilde der Schweiz oder das elsäss'sche Land.

Strophen aus einem Gedicht von Paul Cherler über Wibrandis Rosenblatt

*D*ie Frau, die kurz nach ihrem Tod am 1. November 1564 so gefühlvoll vom Theologiestudenten und späteren Pfarrer in Binzen, Paul Cherler, beschrieben wird, trägt den schönen Namen Wibrandis Rosenblatt. Viermal war sie verheiratet, elf Kinder hat sie zur Welt gebracht, in Basel, Straßburg und Cambridge hat sie gelebt, drei der bedeutendsten oberrheinischen Reformatoren waren nacheinander ihre Ehemänner. Mit ihr begegnen wir einer Frau der beginnenden Neuzeit, die nicht durch ein eigenes publizistisches Werk für die Reformation eingetreten ist, sondern eine neue Lebensform gelebt hat: Frau eines ehemaligen Priesters zu sein und damit eine der ersten Pfarrfrauen. Auch wenn Wibrandis Rosenblatt kein eigenes Werk hinterlassen hat, so war sie doch als eine der ersten Frauen durch ihr Leben aktiv an der Gestaltung großer Veränderungen beteiligt. Wie andere Frauen dieser Zeit musste sie das Rollenbild der evangelischen Pfarrfrau und damit auch das des evangelischen Pfarrhauses für sich neu erfinden. So erging es auch Katharina von Bora, die mit Martin Luther verheiratet war. Aber auch Anna Reinhart, die Gattin von Ulrich Zwingli, musste sich dieser Aufgabe stellen. So wie Idelette de Buren, Ehefrau Johannes Calvins oder auch Elisabeth Silbereisen, die erste Frau Martin Bucers. An den Auseinandersetzungen und Debatten ihrer Zeit, die nicht nur religiöser Natur waren, sondern zwangsläufig zu politischen und gesellschaftlichen Konsequenzen führten, hat Wibrandis Rosenblatt durch ihren gelebten Alltag aktiv teilgenommen.

Sie kam 1504 in Säckingen auf die Welt als Tochter des kaiserlichen Feldhauptmanns Hans Rosenblatt und seiner Ehefrau Magdalena Strub, die aus einer angesehenen Bürgerfamilie in Basel stammte. Die Tochter bekam den Namen einer damals sehr populären Heiligen: Wibrandis. Der Vater war auf zahlreichen Kriegsschauplätzen zu finden und stand eine Zeitlang im Dienst Kaiser Maximilians I., der ihn für seine Tapferkeit im bayrischen Erbfolgekrieg sogar zum Ritter schlug. Da die Mutter das unstete Leben an der Seite ihres Mannes immer weniger mochte, zog sie mit ihrer Tochter Wibrandis und ihrem Sohn Adelberg zurück in ihre Heimatstadt Basel. Sie war auch nicht mehr bereit, ihrem Mann auf ein österreichisches Gut zu folgen, welches er als Ablösung für unerledigte Soldansprüche 1521 von Kaiser Karl V. erhalten hatte. Wibrandis wuchs somit ohne Vater auf.

Im Alter von 20 Jahren heiratete sie 1524 den Basler Ludwig Keller, einen Magister der Freien Künste. Das junge Paar bekam eine Tochter und taufte sie auf den Namen der Mutter: Wibrandis. So gab es nun zwei weibliche Wesen mit dem gleichen Namen in der Familie. Das Eheglück währte allerdings nicht lange, denn schon im Sommer 1526 – nach nur knapp zwei gemeinsamen Jahren – starb Ludwig Keller und Wibrandis wurde zum ersten Mal Witwe. Gemeinsam mit ihrer kleinen Tochter zog sie in das Haus ihrer Mutter zurück.

Basel, Zürich und Straßburg waren zu dieser Zeit die großen Mittelpunkte der reformatorischen Erneuerung im Gebiet des Oberrheins. Die bedeutendsten Reformatoren dieser Städte, Johannes Oekolampad (Basel), Ulrich Zwingli (Zürich) und Martin Bucer, Wolfgang Capito sowie Matthäus Zell (alle Straßburg) waren in regem freundschaftlichem Austausch miteinander. Zwingli und Oekolampad hatten sogar einen Bund geschlossen, über den Oekolampad 1522 an den Freund in Zürich schrieb: »Du kennst ja den Spruch: ›Ein Jeglicher sehe nicht auf das Seine, sondern auf das, das des Andern ist‹; also siege für uns, siege für Christus; lieber Zwingli, lass durch dies Brieflein unsere enge Verbundenheit in

Christo gegründet sein.« Gemeinsam kämpften die Beiden nun für die Erneuerung der Kirche in der schweizerischen Eidgenossenschaft, gemeinsam setzten sie sich später auch mit Luther über das richtige Verständnis des Abendmahls auseinander.

Martin Luther hatte 1522 in seiner Schrift »Vom ehelichen Leben« erklärt, dass die Geschlechtlichkeit des Menschen zur göttlichen Schöpfung gehöre. War bis dahin in der Kirche des Mittelalters dem Mönch bzw. der Nonne, der höchste religiöse Status beschieden gewesen, da sie keusch zu leben gelobt hatten, behauptete Luther nun das Gegenteil. Gottes Werke könnten nicht durch menschliche Keuschheitsgelübde außer Kraft gesetzt werden, argumentierte er. Denn die Geschlechtlichkeit und damit die Sexualität gehörten für ihn wesensmäßig zur menschlichen Existenz. Anschaulich brachte er dies in seinem Kommentar zum biblischen Auftrag »Seid fruchtbar und mehret euch« (1. Mose 1,28) zu Papier:

Aus dem Spruch sind wir gewiss, das Mann und Weib sollen und müssen zusammen, dass sie sich mehren … Darum also wenig als in meiner Macht steht, dass ich kein Mannsbild sei, also wenig steht es auch bei mir, dass ich ohne Weib sei. Wiederum auch, also wenig als in deiner Macht steht, dass du keins Weibsbild seist, also wenig steht es auch bei dir, dass du ohne Mann seist. Denn es ist nicht eine freie Willkür oder Rat, sondern ein nötig natürlich Ding, dass alles, was ein Mann ist, muss ein Weib haben, und was ein Weib ist, muss ein Mann haben.

Diese Neubewertung von Sexualität und Keuschheit führte zu einer enormen Aufwertung der Ehe. Für Luther lagen die Funktionen einer christlichen Ehe in der Vermeidung von Unzucht und Hurerei, der Geburt von Kindern sowie deren christlicher Erziehung. Das Elternamt war die zentrale Aufgabe einer im Glauben gelebten Ehe. Die erste von Gott geschaffene, gesellschaftliche Ordnung war die Ehe.

Unter den Reformatoren setzte daher alsbald eine regelrechte Heiratswelle ein. 1522 heiratete Martin Bucer die ehemalige Nonne Elisabeth Silbereisen, ebenfalls in Straßburg vermählte sich Matthäus Zell ein Jahr später mit Katharina Schütz, Wolfgang Capito ehelichte 1523 Agnes Roettel, Katharina von Bora und Martin Luther feierten 1525 Hochzeit. Bereits 1522 war auch Ulrich Zwingli heimlich mit seiner Frau Anna Reinhart in den Stand der Ehe getreten, hatte sich jedoch erst zwei Jahre später öffentlich dazu bekannt. Auch Johannes Oekolampad begann über eine Ehe nachzudenken, aber erst nachdem seine Mutter Anfang Februar 1528 gestorben war, entschloss er sich wirklich zur Heirat. Mit 46 Jahren war er nicht mehr der Jüngste und im Haushalt lebte noch sein greiser Vater. Seine Wahl fiel auf die 22 Jahre jüngere Wibrandis Rosenblatt, die mittlerweile eine eifrige Anhängerin des evangelischen Glaubens geworden war. Am 15. März 1528 heirateten die Beiden und mussten zu Anfang viel Spott über sich ergehen lassen. So schrieb Bonifatius Amerbach, einer der führenden Humanisten der Stadt und weiter dem katholischen Glauben treu: »Unlängst hat Oekolampad eine Ehefrau heimgeführt. Ein Mann in schon vorgerücktem Alter, mit zitterndem Haupt, mager und erschöpft am ganzen Körper wie ein lebender Leichnam – soll man das nicht töricht nennen?«. Und auch Erasmus von Rotterdam, einer der brillantesten Köpfe unter den Humanisten, selbst Priestersohn und zu dieser Zeit gerade in Basel sesshaft, schrieb anzüglich über diese Ehe: »Vor wenigen Tagen heiratete Oekolampad eine Frau, ein Mädchen nicht ohne Geschmack, er ist begierig, in der Fastenzeit das Fleisch mürbe zu machen.«

Was Wibrandis über ihre Ehe dachte und empfand, ist uns nicht überliefert, aber von Johannes Oekolampad gibt es aus dieser Zeit einen Brief an den späteren Genfer Reformator Guillaume Farel, in dem es heißt: »Du sollst wissen, dass Gott mir an Stelle meiner verstorbenen Mutter eine christliche Schwester zur Frau geschenkt hat, in bescheidenen Verhältnissen lebend, aber aus einem ehrenwerten Geschlecht stammend, und als Witwe seit einigen Jahren im Kreuztragen geübt. Ich möchte zwar, dass sie ein wenig älter wäre, aber ich habe bis heute nichts von jugendlicher Unreife an ihr gefunden. Ich bitte Gott, dass diese Ehe glücklich sei und lange währe.«

Johannes Oekolampad war der bedeutendste Reformator Basels. Er war tätig als Professor an der Universität und als Prediger am Basler Münster. Aus beiden Ämtern bestritt er das Einkommen der Familie, welches Wibrandis Rosenblatt durch die Aufnahme von Studenten noch ergänzte. Die Familie konnte im Laufe der Jahre sogar Immobilien erstehen, bei denen Wibrandis jeweils als Mitkäuferin und Miteigentümerin urkundlich genannt wird.

Abb. 7
Wibrandis Rosenblatt war mit drei Reformatoren verheiratet und brachte elf Kinder zur Welt

Bereits an Heiligabend 1528, also noch im Jahr ihrer Hochzeit, bekam das Paar sein erstes gemeinsames Kind, den Sohn Eusebius. Im März 1530 kam das zweite Kind, die Tochter Irene, zur Welt. Wiederum ein Jahr später wurde die Tochter Aletheia geboren. Wibrandis Rosenblatt, die 1529 mit ihrem Mann in das Pfarrhaus am Basler Münster eingezogen war, stand nun als Hausfrau einem großen Haushalt vor, in dem nicht nur ihre Kinder zu erziehen waren, sondern in dem auch immer wieder Platz geschaffen wurde für Glaubensflüchtlinge und Hilfesuchende. Besonders Pfarrer, die wegen ihres Eintretens für die Reformation abgesetzt worden waren, bevölkerten das Haus der Familie. Die zur Miete wohnenden Studenten mussten versorgt werden und immer wieder kamen Freunde ihres rastlos arbeitenden Mannes zu Gast. So besuchte sie im Sommer 1529 Ulrich Zwingli auf seiner Reise nach Marburg. Gemeinsam mit Oekolampad machte er sich auf den

Weg nach Straßburg, wo sie Martin Bucer trafen, der sie ebenfalls nach Marburg zu den Religionsgesprächen mit Martin Luther über die Abendmahlslehre begleitete. Nach den missglückten Gesprächen kehrte Zwingli auf seiner Rückreise nochmals in Basel ein. Auch die Straßburger Freunde Oekolampads, Wolfgang Capito und Martin Bucer, kamen 1530 zu Besuch in das Pfarrhaus am Hasengäßlein.

Doch bereits nach nur drei Jahren Ehe, in denen sie drei Kindern das Leben geschenkt hatte, wurde Wibrandis Rosenblatt mit 27 Jahren zum zweiten Mal Witwe. Johannes Oekolampad hatte sich eine eitrige Entzündung zugezogen und starb am 23. November 1531, nur wenige Wochen nach seinem Freund Ulrich Zwingli, der in der Schlacht von Kappel getötet worden war. Unter großer Anteilnahme der Bevölkerung wurde Oekolampad im Kreuzgang des Basler Münsters bestattet.

Wieder stand die junge Witwe vor der Aufgabe, sich und ihre nun mittlerweile vier Kinder zu versorgen. Während Oekolampad noch mit dem Tod kämpfte, war in Straßburg auch die Frau seines Freundes und Mitstreiters Wolfgang Capito, Agnes Roettel, gestorben. Die Freunde machten sich umgehend auf die Suche nach einer neuen Frau für Capito. Denn der als unpraktisch veranlagt geltende Theologe litt zudem oft an Depressionen, so dass eine schnelle Wiederverheiratung, die zu dieser Zeit als nicht anstößig galt, die beste Lösung zu sein schien. Die Wahl fiel auf Wibrandis Rosenblatt, die einen Ruf als tatkräftige und nervenstarke Frau hatte. Beide kannten sich bereits von einem Besuch Capitos im Pfarrhaus in Basel und nahmen den Kontakt zueinander wieder auf. Nur fünf Monate nach dem Tod Oekolampads heiratete Wibrandis Rosenblatt am 11. April 1532 Wolfgang Capito.

Sie verließ ihre Heimatstadt, um mit Capito in das Pfarrhaus von Jung-St. Peter in Straßburg zu ziehen. Mit ihr zogen nicht nur ihre vier Kinder, sondern auch ihre Mutter, Magdalena Strub, in die Reichsstadt am Rhein. Ihr dritter Ehemann, ein bedeutender Kenner der hebräischen Sprache, veröffentlichte zahlreiche biblische Kommentare unter Einbeziehung auch jüdisch-rabbinischer Werke und verfasste hebräische Sprachlehren. Er hielt theologische Vorlesungen und war als Prediger sehr gefragt. Der Altersunterschied von 26 Jahren zwischen den beiden Eheleuten war nicht unerheblich. So war Capito oft krank, litt unter Schlaflosigkeit und neigte zur Schwermut. Durch Gutgläubigkeit hatte er sich zudem zu geplatzten Bürgschaften hinreißen lassen und war in erdrückende Schulden geraten.

Für seine Frau bedeutete dies, den großen Haushalt äußerst sparsam zu führen. Wie in Basel, so war auch das Pfarrhaus in Straßburg ein gastfreies Haus, in dem Wibrandis Rosenblatt wie gewohnt Gäste, Hilfesuchende und Flüchtlinge aufnahm. Ein Jahr nach ihrer dritten Hochzeit wurde zudem die Tochter Agnes geboren, die Capito nach seiner verstorbenen ersten Frau nannte. Es folgten in neun Jahren Ehe die Kinder Dorothea, Johann Simon, Wolfgang Christoph und zuletzt Irene, die den Namen ihrer früh verstorbenen Halbschwester aus Wibrandisens Ehe mit Oekolampad erhielt. Unter den Patinnen und Paten der Kinder finden sich u. a. Martin Bucer und Katharina Zell, Frau des Straßburger Reformators Matthäus Zell und ebenfalls eine herausragende Frauengestalt der Reformationszeit.

Das Jahr 1541 war für Wibrandis Rosenblatt eines, das sie vom Glück in das tiefste Leid stürzte. Sie brachte in diesem Jahr ihr neuntes Kind, die kleine Irene, zur Welt und ihre älteste Tochter Wibrandis Keller heiratete den Straßburger Bürger Hans Jeliger. Im Sommer des Jahres brach jedoch eine Pestepidemie aus, die fürchterlich in den Straßburger Familien wüten sollte. Ein Basler Chronist berichtet darüber: »Im Sommer Anno 1541 erhub sich am Rheinstrom und anderen Orten pestilentzische Sucht, deren man schon vor einem Jahr empfunden, etwas strenger, also dass viele Leute darauf gingen; zu Straßburg sturben dreitausendzweihundert Menschen, nicht minder zu Colmar, zu Rheinfelden siebenhundert, zu Basel auch eine ziemliche Anzahl.« In Straßburg wurden auch die evangelischen Pfarrhäuser schrecklich heimgesucht. So starben im Hause Bucer nicht nur seine Ehefrau Elisabeth Silbereisen, sondern auch fünf Kinder, nur der geistig und körperlich behinderte Sohn Nathanael überlebte die Epidemie. Wibrandis Rosenblatt verlor innerhalb weniger Wochen durch die Pest drei ihrer Kinder: Der 13-jährige Eusebius Oekolampad sowie Dorothea und Wolfgang Christoph Capito starben. Aber auch Wolfgang Capito selber überlebte die Pest nicht. Er starb einen Tag vor Elisabeth Silbereisen, der Frau seines Freundes Martin Bucer.

Elisabeth Silbereisen muss eine bemerkenswerte Frau gewesen sein. Martin Bucer schrieb über sie in Liebe und Anerkennung:

Der liebe Gott hat mir zuvor ein Gemahl gegeben bis ins 20. Jahr, die mit solcher Zucht, Ehrbarkeit, Gottseligkeit, auch Arbeitseligkeit in aller Haussorg und Arbeit begabt gewesen, wie das viel frommer Christen wissen, dass ich durch sie zu meinem Dienst merklich bin gefördert worden, nicht allein in dem, dass sie mich aller Haussorg und zeitlicher Geschäfte enthoben, sondern auch in dem, dass sie durch ihren Fleiß und Mühe die leibliche Versorgung, so uns bisweilen nicht so reichlich zukommen, also ratlich angelegt und ausgeteilt hat, dass wir hier in Straßburg vielen Pilgern und Dienern Christi viel mehr Dienst erwiesen haben, als ich, wo ich allein gewesen wäre, nimmer vermocht hätte.

An ihrem letzten Lebenstag erfuhr sie von Katharina Zell, die sich aufopfernd um sie kümmerte, vom Tod Wolfgang Capitos. Sie bat daraufhin Wibrandis Rosenblatt an ihr Krankenbett und flehte sie an, nach ihrem Tod für ihren Mann Martin sowie den einzig überlebenden Sohn Nathanael zu sorgen. Und Elisabeth sprach auch mit ihrem Mann. »Unter Tränen«, berichtete Martin Bucer an einen Freund »hörte ich sie an, antwortete aber nichts.« Seine Frau hatte ihn auf dem Totenbett dringend gebeten, Wibrandis Rosenblatt zu heiraten, damit beide wieder versorgt seien.

Ein Jahr nach der verheerenden Pestepidemie heirateten Martin Bucer, der ehemalige Dominikanermönch, und Wibrandis Rosenblatt, die dreifache Witwe, am 16. April 1542. Der 50-Jährige schreibt über seine Ehe mit der 13 Jahre Jüngeren an seinen Freund Ambrosius Blarer:

Obwohl ich über das zum Heiraten geeignete Alter hinaus bin, habe ich mich unter allseitiger Berücksichtigung meiner Verhältnisse und meines Amtes entschlossen, den Brüdern zu folgen und mich mit Capitos Witwe zu verbinden … Sie hat noch vier Kinder, eine Tochter von Oekolampad und einen Knaben und zwei kleine Mädchen von Capito. Dieser hat ihnen, wie Du weißt, infolge seines Missgeschicks mit Bürgschaften, nicht viel hinterlassen. Doch ist … ein wenig zu ihrer Unterstützung vorhanden. Das werden wir, solange mir Gott mein Leben und mein Einkommen lässt, den Waisen bewahren und sie wie meine Kinder halten. Die Gründe, die mich vornehmlich zu diesem Schritt bewegen, sind die Einsamkeit, die ich nicht gewohnt bin und nicht ertragen kann, dazu die Gefahr, mit fremden Leuten einen Haushalt zu führen, endlich die Vortrefflichkeit der Witwe und die Liebe, die ich den Waisen eines um mich so sehr verdienten Mannes schulde. Bittet für uns, dass unser Vorhaben Christo gefalle und der Kirche zum Nutzen sei!

Wibrandis zog nun mit ihren Kindern Aletheia (11), Agnes (9), Johann (5), Irene (1) sowie ihrer Mutter in das Pfarrhaus von St. Thomas, der Predigtkirche Bucers. Dort lebten bereits der Sohn Nathanael sowie Bucers Vater.

Wenige Monate nach der Eheschließung schrieb Bucer wiederum an seinen Freund Blarer:

Meine Hochzeit ist vollzogen und ich fürchte für mich nur die allzu große Dienstwilligkeit der besten Frau. Meine erste Frau war freier mich zu ermahnen und zurechtzuweisen und nun spüre ich, dass diese Freimütigkeit nicht nur nützlich, sondern notwendig war. Nichts bliebe mir bei meiner jetzigen Frau zu wünschen übrig, als ihre allzu große Besorgtheit und Nachgiebigkeit gegen mich. Und doch, wie groß ist doch die Sehnsucht nach der verlorenen; so tief ist die erste pietätvoll gepflegte Verbindung im Herzen verwurzelt.

Einen Eindruck aus dem damaligen Leben im Haus der Familie Bucer vermittelt ein Bericht eines italienischen Glaubensflüchtlings, der Aufnahme bei Wibrandis und Martin Bucer fand. Er schrieb über seine Erlebnisse:

Gleich bei unserer Ankunft wurden wir von Bucer aufs freundlichste in sein Haus aufgenommen. Siebzehn Tage durfte ich bei ihm bleiben; während dieser Zeit sah ich in seiner Verkündigung wie in seiner Lebensführung wunderbare Äußerungen evangelischen Glaubens. Sein Haus gleicht einer Herberge, so sehr ist er gegen alle Fremden, die um Christi und des Evangeliums willen in die Fremde gehen müssen, gastfreundlich. Seiner Familie steht er so trefflich vor, dass ich während der ganzen Zeit, die ich bei ihm zubrachte, nie eine Störung bemerkte, sondern immer nur Stoff zur Erbauung. Sein Tisch ist weder glänzend noch gemein, es herrscht die einem Frommen geziemende Mäßigkeit, …, vor und nach der Mahlzeit wird eine Stelle aus der Heiligen Schrift gelesen; dies gibt dann zu frommen und heiligen Gesprächen Anlass; ich darf wohl sagen, dass ich stets unterrichteter von diesem Tisch weggegangen bin; denn jedes Mal hörte ich etwas, das ich früher nicht so klar erkannt hatte, oder über das mir noch Zweifel geblieben waren.

Martin Bucer, der als heiter, aufgeschlossen und kinderlieb galt, nahm sich auch der Kinder aus den vorhergehenden Ehen seiner Frau an. Wibrandis tat es ihm gleich und kümmerte sich um seinen in die Ehe mitgebrachten Sohn Nathanael wie eine leibliche Mutter. Das Eheleben der Beiden gestaltete sich harmonisch und bereits 1543 wurde dem Paar ein gemeinsames Kind geboren, welches auf den Namen des Vaters, Martin, getauft wurde. Martin Bucer selber war zur Zeit der Geburt aber für längere Zeit nach Köln verreist. Er versuchte dort die Reformation voranzutreiben, was ihm aus unterschiedlichsten Gründen aber nicht gelang. Als er im September nach längerer Abwesenheit nach Hause zurückkehrte, konnte er erstmals sein neugeborenes Kind in den Armen halten. 1545 brachte Wibrandis Rosenblatt ihr elftes und letztes Kind zur Welt. Die kleine Elisabeth wurde nach der verstorbenen ersten Ehefrau Bucers benannt. Außerdem nahm sich Wibrandis noch ihrer verwaisten Nichte Margarethe Rosenblatt an und holte sie nach dem Tod ihres Bruders Adelberg, der als Münzmeister in Colmar gelebt hatte, in das Pfarrhaus nach Straßburg. Mit acht Kindern, ihrer kränkelnden Mutter sowie immer wieder schutzsuchenden Flüchtlingen stand Wibrandis als Pfarrfrau einem großen Haushalt vor. Zudem scheint der kleine Martin bereits als Kleinkind gestorben zu sein.

1546, im Todesjahr Martin Luthers, hatten sich die durch die Reformation ausgelösten Spannungen im Reich zwischen der katholischen und der evangelischen Seite zugespitzt und es war zum Schmalkaldischen Krieg gekommen, in dem 1547 die evangelische Seite unterlag. Kaiser Karl V. und seine Truppen hatten in diesem Religionskrieg den Sieg davon getragen und konnten nun die Bedingungen für die Protestanten diktieren. Auf dem Reichstag in Augsburg, der 1548 tagte, setzte der Kaiser ein Religionsgesetz durch, das den Evangelischen katholisches Brauchtum und katholische Lehre vorschrieb. Allein das Abendmahl in Wein und Brot sowie die Beibehaltung der Priesterehe wurden ihnen zugestanden. Das sogenannte »Augsburger Interim«, vom Kaiser als Zwischenlösung gedacht bis zu einer endgültigen Lösung des Konflikts durch ein Konzil, wurde überall im Reich unter Androhung von Gewalt und vor allem im süddeutschen Raum mit Hilfe von Gewehrläufen durchgesetzt. Viele evangelische Geistliche flohen daraufhin oder gingen in den Untergrund.

So auch Martin Bucer. Vom Rat der Stadt Straßburg, der an das Gesetz des Kaisers gebunden war, wurde er als einer der einflussreichsten evangelischen Prediger entlassen und aus der Stadt gewiesen. Von der mutigen und unerschrockenen Katharina Zell wurden er und sein Mitstreiter Paul Fagius noch vier Wochen heimlich in ihrem Haus beherbergt, bevor beide ins Exil nach England aufbrachen. Schon vorher waren die zwei Straßburger Theologen vom Erzbischof von Canterbury, Thomas Cranmer, mehrmals eingeladen worden, um die englische Kirche mit aufzubauen. Der junge englische König Eduard VI. betrieb eifrig den Fortgang der Reformation in seinem Land und erfahrene Theologen, die bereits wussten, wie eine Kirche zu strukturieren und zu leiten war, suchte er besonders. Am 6. April 1549 verließen daher Bucer und Fagius ihr geliebtes Straßburg und schifften sich über Calais nach England ein. Den Sommer über sollten sie im Lambethpalast beim Erzbischof bleiben, bevor dann im Herbst ihre theologischen Vorlesungen an der Universität von Cambridge begannen. Dort lebte bereits ein Sohn von Paul Fagius, der für die beiden Straßburger Reformatoren die Übersetzung ins Englische leistete.

All dies traf natürlich auch Wibrandis und ihre Familie auf das Schwerste. Bucer, die großen Umstürze der Zeit vor Augen, hatte bereits 1548 ein Testament verfasst. In diesem setzte er Wibrandis, die ihm und seinen Kindern eine so große Hilfe und Unterstützung war, zur Erbin ein.

Was das Zeitliche betrifft, so ist mein Wille, dass meine Frau Wibrand unser Töchterlein Elisabeth alle Tage ihres Lebens bei sich behalte und es mit allem Fleiß in Frömmigkeit und Gottesfurcht erziehe. Damit meine Frau das um so leichter tun kann und weil sie mir und meinen Kindern bisher aufs treulichste gedient hat und ohne Zweifel noch weiter dienen wird, solange ihre Kräfte ausreichen, so will ich, dass das Witwengut, das ich von Anfang an, als wir unseren Bund geschlossen haben, zugesagt habe, um hundert Gulden vermehrt werde; auch die Zinsen von Basel, die sie mir zugebracht, sollen ihr bleiben.

Auch ihre Töchter Aletheia Oekolampad und Agnes Capito versah er mit einem finanziellen Erbe. Etwas beruhigt haben mag Bucer bei seiner Abreise nach England, dass sich zuvor noch Aletheia mit einem seiner vertrautesten Helfer, dem Pfarrer Christoph Söll, verheiratet hatte. »Ich könnte keinen anderen Beschützer zurücklassen, der so treu und in Allem eines Sinnes mit uns wäre« urteilte er über ihn, »nach Fagius ist hier keiner, der das Reich Christi so glühend und zugleich so volkstümlich verkündet.«

Vor der Überfahrt aus Calais schrieb Bucer noch einen sehr anrührenden Brief an seinen Sohn Nathanel, dem einzig verbliebenen Kind aus seiner Ehe mit Elisabeth Silbereisen.

Kein Kräutlein ist so klein, es hat seine Wirkung, dem Menschen zu gut; wie viel mehr soll dann der Mensch, geschaffen nach dem Bild Gottes, allwegen auch seine nützliche Wirkung haben und üben, Gott zu Ehren und zu Nutz den Nächsten … Ich weiß leider Deine Schwachheit an Leib und Gemüt wohl und habe wahrlich ein väterlich Mitleiden mit Dir; und dennoch hat Dir der Herr Dein Maß seiner Gnaden, etwas zu lernen und zu tun, gegeben … auch weißt Du, wie treulich es mit Dir meinet meine liebe Hausfrau, dass sie wahrlich begehrt, Dir keine Stiefmutter, sondern eine wahre Mutter zu sein und Dir alle mütterliche Treue zu beweisen … Gibt der Herr, dass ich irgend wieder angestellt werde und Dich bei mir haben kann, sollst Du sehen und erfahren, dass ich Dich als meinen Sohn, den ich noch einzig von meiner herzlieben Frau selig habe, erkenne und liebe.

Den beiden Männern gefiel in England aber weder das höfische Leben noch das Essen. Bucer wurde krank, ebenso Fagius. Bischof Cranmer forderte daher beide auf, ihre Familien nachkommen zu lassen. Im Sommer 1549 machte sich Wibrandis, begleitet von ihrer Tochter Agnes Capito sowie der kleinen Elisabeth, gemeinsam mit der Frau von Paul Fagius und deren Tochter auf den Weg nach England. Der Plan sah vor, Straßburg heimlich zu verlassen, sich auf dem Rhein einzuschiffen, um bis Antwerpen zu reisen und von dort nach England überzusetzen. Acht Tage sollte die Reise dauern.

Paul Fagius starb jedoch schon wenige Monate später im November 1549 in Cambridge. Im Frühjahr 1550 kehrten die Frauen daher zurück nach Straßburg. Die Witwe des Paul Fagius blieb in Straßburg, Wibrandis Rosenblatt dagegen war nur erneut an den Rhein gereist, um die restliche Familie nach England zu holen. Nur Agnes Capito war bei Bucer in Cambridge geblieben. In Straßburg hatte Wibrandis mit allerlei Bedrängnissen zu kämpfen, die sie aber unerschrocken meisterte.

In einem der wenigen Briefe, die von ihr erhalten sind, schreibt sie an Bucer:

Wie ich gen Straßburg gekommen bin, da hat jedermann gesagt, Ihr seid auch gekommen. Da sind die Papisten zusammen gelaufen und haben Rat gehalten, wie sie Euch einen Schrecken machen wollten, und haben ausgehen lassen, sie wollten mir meine Habe beschlagnahmen. Da sind viele Leute gekommen und haben mich gewarnt. Ich habe mich aber des Handels nicht beladen wollen und habe geantwortet, sie sollten nur kommen, ich fürchte sie nicht. ... Weiter hat sich zugetragen, dass man mich am Tage vor St. Johannis in des Velsius Namen zum nächsten Donnerstag vor das geistliche Gericht aufgeboten hat. Der Bote hat die Meldung Christoph (Söll) ausgerichtet; Christoph hat geantwortet, wir werden nicht kommen, wir seien Bürger; wenn Velsius eine Forderung an uns habe, so sei gutes staatliches Gericht hier. Also hat er ihn zurückgeschickt und mir erst davon gesagt, als er schon weg war; er hatte nämlich Sorge, ich könnte böse Worte geben, wie auch hätte geschehen können.

Im Spätsommer 1550 brach Wibrandis Rosenblatt mit ihrer alten Mutter Magdalena sowie den Kindern Elisabeth Bucer und Margarethe Rosenblatt erneut nach England auf. Mitte Februar 1551 erkrankte Bucer erneut schwer und starb in der Nacht zum 1. März. Die Universität Cambridge bereitete ihm ein feierliches Begräbnis. Wibrandis Rosenblatt war nun mit 47 Jahren zum vierten Mal Witwe geworden und verließ wenige Wochen später England, um nach Straßburg zurückzukehren.

Dort lebte sie die nächsten zwei Jahre. Als jedoch 1553 wiederum eine Pestepidemie über die Stadt hereinbrach, der diesmal ihr Schwiegersohn Christoph Söll zum Opfer fiel, traf sie den Entschluss, in ihre Heimatstadt Basel zurückzukehren. Im Juli 1553 siedelte sie mit ihrer greisen Mutter sowie den Kindern Agnes, Johann Simon, Irene und Elisabeth und wohl auch ihrer Nichte Margarethe nach Basel um. Dort verheiratete sich ihre Tochter Agnes mit Jakob Meyer, einem Enkel des ehemaligen Bürgermeisters der Stadt. An ihrem Sohn Johann Simon scheint Wibrandis dagegen wenig Freude gehabt zu haben. Der letzte Brief aus ihrer Feder, datiert auf das Jahr 1557, ist an ihn gerichtet. Darin heißt es: »Ich weiß wohl, wenn ich Botschaft von dir hätte, so würde sie mich nicht erfreuen; denn es ist Dein alter Brauch, dass ich nichts denn Kreuz von Dir habe. O, dass ich den Tag erleben sollte, wo ich etwas Gutes von Dir hörte; darnach wollte ich mit Freuden sterben.«

1564 tobte erneut die Pest am Oberrhein. In Straßburg starben 5.000, in Basel 7.000 Menschen. Die meisten von ihnen wurden in Massengräbern bestattet. Ein Chronist berichtet über die Geschehnisse:»Unglaublich ist's, wie nach Mittagszeit um zwey und vier Uhren, da man die Abgestorbenen sonderlich zu bestatten pflegte, die Leichen aus allen Gassen daher getragen wurden.« Am 1. November 1564 starb auch Wibrandis Rosenblatt an der Pest.

Aus Achtung vor ihr begruben die Basler sie aber nicht in einem der Massengräber, sondern bestatteten sie – mehr als 30 Jahre nach seinem Tod – an der Seite ihres zweiten Mannes Johannes Oekolampad im Kreuzgang des Basler Münsters.

Geboren
1504 in Säckingen

Gestorben
1564 in Basel

Leben
Sie war viermal verheiratet, brachte insgesamt 11 Kinder zur Welt und musste für sich das Rollenbild der evangelischen Pfarrfrau neu prägen. Nach dem Tod ihres zweiten Mannes Johannes Oekolampad, dem bedeutendsten Reformator Basels, heiratete sie die Reformatoren Wolfgang Capito und nach dessen Tod Martin Bucer. Sie lebte in Basel, Straßburg und Cambridge.

Elisabeth von Calenberg-Göttingen, Herzogin von Braunschweig-Lüneburg

Regentin und Säugamme der Kirche

> Gottes Wort tat ich lieben und brachte es ins Land. Viel taten sie
> mir zuschieben, Unglück in meine Hand. Dennoch nach Gottes
> Gefallen klinget hier noch Gottes Wort. Und geht hierin mit Schalle
> und ist allein mein treuer Hort
>
> *Elisabeth von Calenberg-Göttingen in einem ihrer Kirchenlieder*

Sie war eine der bemerkenswertesten Frauen der Frühen Neuzeit,
denn nicht nur als Reformationsfürstin ist sie in die Geschichtsbücher eingegangen, sondern auch als Schriftstellerin und gelehrte Laientheologin. Sowohl Martin Luther als auch Philipp
Melanchthon sprachen mit großer Hochachtung von ihr, denn
wie Melanchthon betont, hat Elisabeth »diese Kirchen aus mütter-
lichem Herzen sanft und lieblich mit dem Evangelium gespeiset,
genähret und regiert«.

In der Tat: Sie besaß als Frau die politische Macht, die Refor-
mation einzuführen, und legte damit einen der Grundsteine zur
Entstehung der späteren hannoverschen Landeskirche, heute die
zahlenmäßig größte evangelische Landeskirche in Deutschland.
Sie gilt aber auch als Wegbereiterin der heutigen Klosterkammer
Hannover, einer staatlichen Behörde, die für mehr als 800 unter
Denkmalschutz stehende Gebäude zuständig ist.

Wer war diese Regentin, die sich als »Säugamme der Kirche«
bezeichnete, ihr Amt zeitlebens als ein bischöflich-geistliches verstand und deren Familie durch die konfessionellen Spaltungen immer wieder auf die Zerreißprobe gestellt wurde?

Geboren wurde Elisabeth 1510 in Cölln, dem heutigen Berlin,
als eines von fünf Kindern. Ihre Eltern, Kurfürst Joachim I. von
Brandenburg und seine Frau Elisabeth von Dänemark, sorgten da-

für, dass die Tochter eine für Mädchen damals ungewöhnliche Schulbildung erhielt. Zusammen mit ihren beiden Brüdern und den zwei Schwestern genoss sie in der Cöllner Residenz etwa vom 10. Lebensjahr an einen fundierten Unterricht. Damit war die Grundlage gelegt für eine der produktivsten deutschsprachigen Schriftstellerinnen der Frühen Neuzeit.

Bereits als 15-Jährige musste die junge Adelige ihr Elternhaus verlassen, um den 40 Jahre älteren Erich I. von Calenberg-Göttingen zu heiraten, der verwitwet und kinderlos war. Erich I. regierte sein Fürstentum als eines der Teilfürstentümer des Herzogtums Braunschweig-Lüneburg. Dieses war im Mittelalter durch Erbteilungen der verschiedenen welfischen Linien stark aufgesplittert worden. Angrenzend an Calenberg-Göttingen herrschte ein Neffe Erichs I., Heinrich mit Namen, in Braunschweig-Wolfenbüttel, der eine nicht geringe Rolle im Leben Elisabeths spielen sollte. Denn er war immer wieder darauf bedacht, die beiden Teilfürstentümer unter seiner alleinigen Herrschaft zu vereinen.

Davon ahnte die junge Elisabeth allerdings noch nichts. Auf einem Bild aus den frühen 1520er Jahren ist sie mit ernstem Gesicht zu sehen. In kostbare Kleidung gehüllt, sieht sie aus wie eine Erwachsene, deren kindliches Gesicht mit den traurigen Augen die vorenthaltene Jugend zu spiegeln scheint. Das wohl kurz darauf entstandene Brautbild von 1525 zeigt eine schlanke, ganz in schwarz gekleidete Mädchengestalt mit einer weißen Lilie in der Rechten als Symbol ihrer Jungfräulichkeit. Elisabeths Mann, Erich I., war zum Zeitpunkt der Hochzeit mit seinen 55 Jahren älter als ihr eigener Vater. Die ihr zugedachte Aufgabe: Möglichst schnell Mutter eines Erbfolgers zu werden. Bis zu ihrem 25. Lebensjahr hatte sie vier Kinder geboren: Die Töchter Elisabeth (1526), Anna Maria (1532) und Katharina (1534) sowie 1528 den ersehnten Stammhalter Erich II.

Ihre Ehe wird als harmonisch beschrieben, auch wenn sie nicht von ernsten Krisen verschont blieb. So hatte sich ihr Mann nach einigen Jahren wieder seiner früheren Geliebten Anna Rumschottel zugewandt. Daraus erwuchs 1533 ein ernsthafter Konflikt. Elisabeth, im Wochenbett nach der Geburt ihrer Tochter Anna Maria schwer erkrankt, bezichtigte die Nebenbuhlerin der Zauberei und ließ sie als Hexe verfolgen. Die so Verfemte konnte sich zwar durch Flucht retten, aber einige ihrer vermeintlichen Helferinnen starben auf dem Scheiterhaufen. Elisabeth ging aus dieser Krise gestärkt hervor. Hatte ihr bislang durch ihren Ehevertrag nur das Amt Calenberg als Leibzucht und damit als eigene Einkunftsquelle zugestanden, so gab ihr der reumütige Ehemann nun fast das gesamte Fürstentum Göttingen als eigenes Herrschaftsgebiet dazu. Damit nahm sie eine annähernd selbständige Herrschaftsstellung neben ihrem Mann ein.

Nicht nur die Hexenverbrennung von Frauen, die ihr als Landesherrin untergeben waren, wirft einen Schatten auf diese ansonsten so bemerkenswerte Frau. Da Elisabeth letztendlich ihre religiöse Überzeugung über ihr politisches Handeln stellte, wurde ihr eigenes Leben und das ihrer Familie zu einem einzigen Gradmesser der großen religiösen Umbrüche ihrer Zeit. So ist wohl auch die Denunziation ihrer eigenen Mutter zu bewerten, die hier kurz geschildert werden soll.

Elisabeth von Brandenburg, die Mutter der Herzogin Elisabeth von Calenberg-Göttingen, war eine dänische Prinzessin, deren Bruder Christian II. den lutherischen Glauben in Dänemark einführte. Seine Frau Isabella, eine Schwester Kaiser Karls V., des großen Herrschers im katholischen Europa, war eine treue Anhängerin des lutherischen Glaubens. Sie könnte also diejenige gewesen sein, die ihre Schwägerin Elisabeth von Brandenburg mit den reformatorischen Überzeugungen vertraut machte. Ostern 1527 jedenfalls nahm Elisabeth von Brandenburg in Abwesenheit ihres Mannes Joachim I. das Abendmahl in beiderlei Gestalt – also in Brot und Wein – zu sich. Nach der Rückkehr Joachims I. war es seine 17-jährige Tochter Elisabeth, zu dieser Zeit noch fest im katholischen Glauben verwurzelt, die dieses Handeln der Mutter dem Vater verriet. Da Joachim I. von Brandenburg gemeinsam mit seinem Bruder, Kardinal Albrecht von Mainz, zu einem der führenden Männer der römisch-katholischen Seite gehörte, zögerte er nicht lange. Er stellte seiner Frau ein Ultimatum: Sie musste sich innerhalb weniger Monate dem Willen ihres Mannes unterwerfen und zum alten Glauben zurückkehren. Im März des Jahres 1528, Joachim I. war gerade außer Landes zu Besuch bei seiner Tochter Elisabeth von Calenberg-Göttingen und seinem Schwiegersohn Erich I., gelang Elisabeth von Brandenburg die Flucht aus der Cöllner Residenz. Denn sie war nicht gewillt, dem Ultimatum ihres Mannes nachzugeben, sondern bestand auf ihrer freien Glaubensüberzeugung. Der Preis für diese Glaubensfreiheit war hoch: Über 20 Jahre verbrachte sie im Exil, oft in Armut und Einsamkeit. Mal lebte sie in Torgau, dann wieder in Weimar und auch in Wittenberg, wo sie einige Zeit im Hause Luthers verbrachte.

Durch die dortigen Besuche bei ihrer Mutter, mit der sie sich wieder versöhnte, lernte Elisabeth von Calenberg-Göttingen Martin Luther kennen. Ein reger Briefwechsel folgte. Auf Anregungen ihres Bruders Johann von Küstrin, der sich öffentlich als Anhänger der evangelischen Bewegung zu erkennen gegeben hatte, holte Elisabeth den lutherischen Pastor Antonius Corvinus in ihre Residenz nach Münden. Er beeindruckte sie derart, dass sie kurz vor Ostern 1538 den entscheidenden Schritt machte: So wie ihre Mutter es elf Jahre zuvor getan hatte, nahm sie ebenfalls in Abwesenheit ihres eigenen Ehemannes in ihrer Residenz das Abendmahl in Brot und Wein zu sich und bekannte sich damit öffentlich zum evangelischen Glauben. Der katholisch gebliebene Erich I. reagierte darauf aber gänzlich anders als ein Jahrzehnt zuvor sein Schwiegervater. Hatte dieser durch sein Verhalten noch seine Frau zur Flucht gezwungen und sich nie wieder mit ihr ausgesöhnt, so handelte Erich nun sehr tolerant und ließ seine Ehefrau gewähren. »Weil uns unsere Frau in unserem Glauben nicht hindert, so wollen auch wir sie in ihrem Glauben ungehindert und ungetrübt lassen«, so kommentierte laut Überlieferung Erich den Richtungswechsel seiner Frau. Und so lebten Erich I. und Elisabeth von Calenberg-Göttingen als Ehepaar in ihren beiden letzten gemeinsamen Jahren in einer gemischt konfessionellen Ehe: Sie evangelisch, er katholisch.

Erst nach dem Tod ihres Mannes 1540 machte sich Elisabeth daran, die Reformation in ihrem Territorium einzuführen. Schon seit längerem stand sie mit Philipp von Hessen, einem der führenden Köpfe des evangelischen Schmalkaldischen Bundes, in regem Kontakt. Der Schmalkaldische Bund hatte sich 1531 in der thüringischen Stadt Schmalkalden als ein Zusammenschluss evangelischer Städte und Territorien gegründet, um gemeinsam gegen den katholischen Kaiser Karl V. agieren und auftreten zu können. Elisabeths Neffe, Herzog Heinrich von Braunschweig-Wolfenbüttel, erhoffte sich nun nach dem Tod seines Onkels einen stärkeren Einfluss auf das Gebiet Calenberg-Göttingen. Heinrich war nämlich nicht nur dem katholischen Glauben treu geblieben, sondern galt auch als einer der entschiedensten Verfechter des Katholizismus. Als nun sein Onkel Erich I. starb, wurde Heinrich per Testament einer der Vormünder des 12-jährigen Erich II. Natürlich erhoffte er sich durch diese Vormundschaft eine große Einflussmöglichkeit im benachbarten welfischen Fürstentum Calenberg-Göttingen. Elisabeth nahm dies aber nicht kampflos hin, sondern konnte sich in diesem Kräftemessen erfolgreich durchsetzen, indem sie die alleinige Regentschaft für ihren noch unmündigen Sohn erhielt. Nachdem die Machtverhältnisse geklärt waren, führte sie 1542 die Reformation in ihrem Gebiet ein. Beraten wurde sie dabei von Antonius Corvinus, der als erster Landessuperintendent unter ihrer Herrschaft fungierte. Sie erließ mit seiner Hilfe eine Kirchenordnung und legte damit einen der Grundsteine für die Entstehung der späteren hannoverschen Landeskirche. Mit der im selben Jahr erlassenen Klosterordnung regelte sie die gesonderte Verwaltung des an die Landesherrin gefallenen Kirchenguts für kirchliche, schulische und mildtätige Zwecke. Daraus resultiert bis heute die Klosterkammer Hannover.

Der Kirchenordnung hatte Elisabeth ein von ihr selbst verfasstes Vorwort vorangestellt. Nicht aus Neuerungssucht führe sie in ihrem Herrschaftsbereich die Reformation ein, sondern damit »Gottes Wort rein und lauter« gepredigt werde, betont sie. Sie beklagt die vorherrschenden Missstände, denn keiner habe etwas gewusst vom rechten Gebrauch des Abendmahls, der Taufe oder dem Verständnis der Rechtfertigung vor Gott. Die Geistlichen seien »mit lauter Fabeln umgegangen«, und die Vergebung der Sünden wäre »um Geld« verkauft worden. Da Kaiser Karl V. bislang noch keine Einigung in den Religionsfragen erzielt habe und sie als Fürstin für ihre Untertanen vor Gott Rechenschaft ablegen müsse, wolle sie dem Beispiel ihres Bruders Joachim II. von Brandenburg folgen und befehlen, dass »Gottes Wort rein und lauter zu predigen« sei. Bis zur Entscheidung eines freien Konzils über die religiös drängenden Fragen gelte die von ihr herausgegebene Kirchenordnung. Nicht aus Neuerungssucht geschehe dies, so Elisabeth, sondern aus wahrer Liebe zu Gottes Wort.

Die Kirchenordnung ziert ein Portrait der 32-jährigen Regentin, selbstbewusst und gebieterisch ist sie mit Amtskette und federgeschmücktem Hut zu sehen. Sie steht auf dem Höhepunkt ihrer politischen Macht und schreibt sich durch ihren Erlass als »Re-

Abb. 8
Holzschnitt mit dem Portrait der Regentin Elisabeth von Calenberg-Göttingen

formationsfürstin« in die Geschichtsbücher ein. Dieses bischöf-lich-geistliche Amt, durch das sie sich direkt für das Seelenheil ihrer Untertanen vor Gott verpflichtet sah, nahm sie überaus ernst. So begleitete sie ihren Landessuperintendenten Corvinus bei seinen Visitationen und achtete selber auf die theologische Bildung der Geistlichen in ihrem Territorium. In einem »Sendbrief an die Untertanen« wandte sie sich zwei Jahre später direkt an die Bürger ihres Fürstentums und formulierte eine evangelische Ethik. Sie spricht in diesem Sendbrief alle Gesellschaftsgruppen ihres Fürstentums an, um sie in diesen bedrohlichen Jahren darauf einzuschwören: Das Vertrauen zu Gott steht über allem anderen. Sie weist ihre Untertanen auf die Zehn Gebote hin, damit diese sich in ihrem Lebenswandel selber prüfen mögen. Denn, so Elisabeth, der erste Teil der Besserung sei die Erkenntnis der eigenen Sünde, der dann der Glaube und das Gebet folgen müssten. An den Adel gerichtet heißt es in ihrem Sendbrief:»Es gilt vor Gott wenig, dass man vor der Welt edel geboren, wenn man nicht gottselig und fromm dabei ist.« Die Pfarrer wiederum ermahnte sie »bei ihren Pfarrkindern mit ernster Bußpredigt« fortzufahren.

Schon ein Jahr später folgt aus ihrer Feder ein neues Werk, denn Elisabeth gilt nicht umsonst als eine der produktivsten Schriftstellerinnen der Frühen Neuzeit. In ihrem sowohl politischen wie auch mütterlichen Testament zum Regierungsantritt ihres Sohnes Erich II., für den sie sechs Jahre lang die Regierungsgeschäfte geführt hatte, reflektiert sie im Jahr 1545 die besondere Verantwortung eines Fürsten. 196 Seiten umfasst dieses Buch, von Elisabeth selber per Hand geschrieben und in silberbeschlagene Deckel gefasst. Selbstbewusst reiht sie sich im Einband in die Tradition der biblischen Frauengestalten Sarah und Ester ein. Zwei biblische Zitate sind auf dem Deckel zu finden. Die Vorderseite schmückt ein Wort aus 1. Mose 21,12:»Gott sprach zu Abraham: Alles was Sara dir gesagt hat, dem folge«. Auf der Rückseite ist ein Satz aus dem Buch Ester zu lesen: »Mordechai ging hin und tat alles, was ihm Ester geboten hatte.« So wie Abraham und Mordechai den beiden Frauen gefolgt seien, so solle auch ihr Sohn den Worten einer Frau folgen, nämlich denen seiner Mutter. Ihm, den sie genau wie seine drei Schwestern evangelisch erzogen hatte, legte sie noch einmal die Zehn Gebote aus. Ergänzt wird diese Aufstellung durch neun Gebote für einen rechten Fürsten. In ihnen hält Elisabeth fest: Gott steht über allem, das Evangelium soll richtig gepredigt werden, die Geistlichen sind zu achten und die Zehn Gebote zu unterrichten. Außerdem soll sich ein rechter Fürst der Witwen, Waisen und armen Fremdlinge annehmen sowie sich um Siechenhäuser und Spitäler kümmern. Erich solle keine geistlichen Abwege betreten, dem Kaiser gegenüber sei er als seiner Obrigkeit zum Gehorsam verpflichtet. Allerdings mit der entscheidenden

Einschränkung: Solange diese Obrigkeit nicht gegen Gottes Wort handle. Damit formulierte die Welfenfürstin die erste protestantische Staatsethik überhaupt, die sie nicht nur ihrem Sohn zugedachte, sondern »allen jungen Herrn ein Anfang zu christlicher Regierung« sein sollte. Gerade bei ihrem Sohn verfehlte dieses Handbuch aber vollkommen seine Wirkung.

Erich II. hatte kurz vor seinem Regierungsantritt Sidonie von Sachsen geheiratet. Es war eine für diese Zeit eher unübliche Neigungsheirat, löste der Bräutigam doch für diese Eheschließung ältere Verlöbnisverträge auf. Der 17-jährige Erich, in der Zeit des Erwachsenwerdens ohne Vater und in der fast übermächtigen Nähe seiner Mutter groß geworden, mag in der zehn Jahre älteren Sidonie eine Partnerin zum Anlehnen gesucht haben. Die Nähe, die auch die gemeinsame evangelische Erziehung in beiden Eheleuten anfänglich wachsen ließ, wich allerdings schon bald einer immer größeren Entfremdung. Bald schlug diese Entfremdung sogar in blanken Hass um, so dass diese Ehe eine der unglücklichsten und tragischsten des ganzen 16. Jahrhunderts wurde.

Zwar verließ Erich II. auf dem Weg zum Fürstentag in Regensburg kurz nach seinem Regierungsantritt 1546 die Heimat mit dem der Ehefrau und der Mutter gegebenen Versprechen, alles, was er »zwischen Wams und Busen habe für die Wahrheit der evangelischen Lehre« dran setzen zu wollen. Doch schon im Schmalkaldischen Krieg (1546–1547), in dem sich die evangelischen Städte und Territorien mit den katholischen kriegerisch auseinandersetzten, kämpfte er auf kaiserlicher und damit katholischer Seite. Nach Aufenthalten in Spanien und in den Niederlanden, die ihn sehr beeindruckten, kehrte er 1549 als erklärter Katholik in sein Land zurück. Nachdem er seine Frau nicht zum alten Glauben bekehren konnte, Sidonie nach einer frühen Fehlgeburt kinderlos blieb und das Herrscherhaus damit auszusterben drohte, sagte Erich II. sich von seiner Frau los. Es folgte eine jahrzehntelange Auseinandersetzung der Beiden, denn Sidonie hielt an ihrer Ehe fest, so dass Erich keine Scheidung erwirken konnte. Dies hielt Erich, der viele Jahre fernab seines Territoriums in anderen Ländern verbrachte, nicht davon ab, bei Besuchen in Calenberg-Göttingen seine niederländische Geliebte und ihre gemeinsamen Kinder mitzubringen.

Erst nach Sidonies Tod 1575 konnte ihr Mann ein zweites Mal heiraten. Zuvor hatte Erich II. mehrmals versucht, Sidonie nach dem Leben zu trachten. Doch auch seine 1576 geschlossene Ehe mit der katholischen Dorothea von Lothringen blieb kinderlos. 1550 hatte der chronisch überschuldete Erich zur Lösung seiner finanziellen Probleme sogar versucht, kurzerhand sein Land dem sowohl Elisabeth wie auch Sidonie verhassten Herzog Heinrich von Braunschweig-Wolfenbüttel zu verkaufen. So gilt Erich II. vor allem wegen seiner politischen Verantwortungslosigkeit, seiner Verschwendungssucht und der menschlichen Schwächen als einer der schwierigsten Fürsten seiner Zeit. Seine Mutter schrieb ihm in einem Brief:

Wie kommen Deine Liebden in den Jammer, Unsinn, Toben und Wüten gegen Gott, seine Diener und Kirchen, gegen uns, Deiner Liebden Gemahl, gemeine Landschaft und arme ausgesogene betrübte Untertanen? Des erbarm sich Gott! Wollen Deine Liebden sich aber hierin nicht kehren, so strafe es Gott, wie er sich je und allewege an allen denen, die Christus, seinen Sohn von seinem Stuhl stürzen wollten, gerächt hat ... Ach weh und immer weh über dich, wenn du dich nicht besserst und ablässt. Wie hast du uns so hart betrübt, dass wir gar hart darnieder liegen in großer Ohnmacht und Schmerzen. Noch, wiewohl wir sehr krank und von großem Heulen und Weinen so matt und schwach sind, dass wir den Brief nicht schreiben können, haben wir doch dem Schreiber vor unserem Bette dies alles in die Feder geredet, welcher es aus unserem Munde geschrieben. Wir müssen dir solches schreiben oder unser Herz müsste brechen; und so wir nicht riefen, so würden die Steine sprechen!

1551 beschwerte sie sich über ihn: »Gott sei's geklagt, dass ich ein solch übel geratenes Kind je geboren habe. Gott bekehr ihn. ... Wenn nicht, so erlöse mich der liebe Gott von seiner Tyrannei.«

In weiser Voraussicht hatte sich Elisabeth 1546 bei der Amtsübernahme Erichs II. ihre Leibzucht erneut durch ihren Sohn bestätigen lassen. Das erwies sich als ein kluger Schritt, denn Erich nahm nur zwei Jahre später das Augsburger Interim von 1548 an, das den Protestanten zwar einige Zugeständnisse wie die Austeilung des Abendmahls in Brot und Wein an alle Gläubigen und die Duldung der Priesterehe zugestand, ansonsten aber die Rückkehr zum römisch-katholischen Glauben vorschrieb. Die Gebiete der Leibzucht Elisabeths blieben auf Grund ihrer eigenen Machtstellung von der Rekatholisierung größtenteils verschont. Doch ihr Vertrauter Antonius Corvinus wurde 1549 auf Geheiß ihres Sohnes gefangen genommen, seine Bibliothek verbrannt und er blieb für mehrere Jahre in Haft, in der ihn nicht einmal seine Ehefrau besuchen durfte. Elisabeth gelang es nicht, ihn in dieser Zeit wieder frei zu bekommen. Ihr Sohn hatte, bevor er für längere Zeit nach Spanien abgereist war, ausdrücklich Order gegeben, Corvinus nicht zu entlassen. Erst 1552, nachdem Erich wieder zurückgekehrt war und sich mit seiner Mutter aussöhnte, kam Corvinus frei, starb allerdings nur wenige Monate danach an den Folgen der harten Gefangenschaft.

Elisabeth selber hatte sich 1546 erneut vermählt mit dem Grafen Poppo zu Henneberg, einem Schwager ihrer ältesten Tochter Elisabeth. In ihrer Residenz in Münden wurde Hochzeit gehalten. Elisabeth beschenkte ihren Mann Poppo, der über kein sonderlich großes Vermögen verfügte, mit wertvollen Pretiosen. Für ihre Tochter Anna Maria, die 1550 Herzog Albrecht von Preußen heiratete, verfasste sie drei Tage nach der Hochzeit ein Ehestandsbuch.

In dieser – wiederum per Hand verfassten Schrift – zeigt sich die ansonsten so selbstbewusste Fürstin als Kind ihrer Zeit. Ganz den einschlägigen Bibelstellen aus dem 1. Korinther- und dem Epheserbrief verpflichtet, schreibt sie zum Verhältnis von Mann und Frau in der Ehe: »Da wird der Frauen alle ihr Wille genommen und unter des Mannes Gehorsam gelegt, also das sie keinen freien Willen haben soll als allein des Mannes Willen.« Sie kennt allerdings auch hier eine Einschränkung: Richtet sich der Wille des Mannes gegen Gottes Gebot, so ist die Frau ihm ihrer Meinung nach nicht mehr zum Gehorsam verpflichtet. Gestiftet sei die Ehe von Gott, so Elisabeth, damit der Mensch nicht allein lebe, sondern »bequemlich und wohl sein Leben« mit einem Gegenüber verbringe, die Menschen sich vermehren und »böse Lüste« vermieden werden. Die Verheißungen der Ehe gelten Frau und Mann: Die Frau wird selig werden, wenn sie Kinder gebärt und im Glauben bleibt, dem gottesfürchtigen Mann wird verheißen, dass Gott für seine Nachkommen sorgen wird.

Hatte die zum Zeitpunkt ihrer zweiten Eheschließung 36-jährige Elisabeth auf ruhige Jahre gehofft, so setzten ihr die konfliktbeladenen Auseinandersetzungen mit ihrem Sohn zu, aber auch ihr eigenes politisches Handeln war nicht glücklich. So ergriff sie durch Geldzahlungen heimlich Partei für den in die Gefangenschaft Philipp von Hessens gelangten Heinrich von Braunschweig-Wolfenbüttel, der von den Protestanten gehasst und gefürchtet wurde.

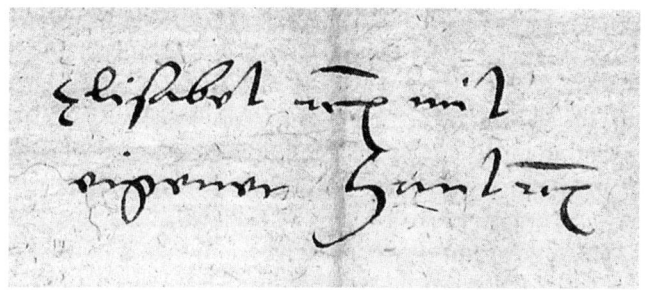

Abb. 9
Elisabeths Unterschrift: »Elisabeth etc. mit eigenen Händen«

Als noch fataler sollte sich allerdings ihre Verstrickung in die Schlacht von Sievershausen bei Lehrte im Jahr 1553 erweisen. Ihr Neffe, Heinrich von Braunschweig-Wolfenbüttel, dem sie gerade noch beigestanden hatte, bereitete ihr zunehmend Schwierigkeiten in ihrer Herrschaft Münden. Sie sah ihr Werk durch seine Übergriffe und seinen Einfluss gefährdet und entschloss sich zum Gegenangriff. Nachdem weder Philipp von Hessen noch Moritz von Sachsen gewillt waren, sich in ein Bündnis gegen Heinrich hineinziehen zu lassen, fiel Elisabeths Wahl auf Albrecht Alcibiades von Brandenburg-Kulmbach. Dieser hatte allerdings einen sehr zweifelhaften Ruf, galt als Mann ohne Prinzipien, der gegen Geld für ein Abenteuer immer zu haben war. Sie versetzte beinahe all ihren Schmuck, um diesen Feldzug finanzieren zu können, allerdings hatte sie nicht damit gerechnet, dass auch Heinrich sich nach Bündnispartner umgesehen hatte. An seiner Seite standen zur Überraschung Elisabeths nicht nur Moritz von Sachsen, also Erichs Schwager, sondern auch Philipp von Hessen, in dessen Gefangenschaft Heinrich gesessen hatte. So kam es zur Schlacht von Sievershausen.

In diesem Kampf, einer der blutigsten Auseinandersetzungen der gesamten Reformationszeit mit mehr als 4.000 Toten, unterlag ihr Bündnispartner Albrecht Alcibiades von Brandenburg-Kulmbach. An der Seite von Erich II., der sich zwischenzeitlich wieder seiner Mutter angenähert hatte, kämpfte Albrecht gegen Heinrich von Braunschweig-Wolfenbüttel und Moritz von Sachsen. Die beiden ältesten Söhne Heinrichs starben in dieser Schlacht. Moritz von Sachsen, gerade 32 Jahre alt, erlitt tödliche Verletzungen.

Elisabeth selber verlor all ihre Besitztümer und Rechte, so hatte es Heinrich im Friedensvertrag verfügt. Sie musste ihre Residenz verlassen und zog mit ihrer jüngsten Tochter Katharina nach Hannover. Ihr Ehemann Poppo zog es vor, nicht nach Hannover zu kommen, wohl wegen der Drohungen Heinrichs, aber sicherlich auch aus Sorge um seine eigene Grafschaft Henneberg, die er aus dem Konflikt heraushalten wollte. In Hannover lebte Elisabeth – trotz des Verkaufs ihres verbliebenen persönlichen Schmucks – in hoher Verschuldung gegenüber den Bürgern der Stadt. In Briefen an ihren Schwiegersohn Herzog Albrecht von Preußen, mit dem sie ein tiefes Vertrauensverhältnis verband, schrieb sie in dieser Zeit: »Ich kann nicht ärmer werden als ich bin, auch nicht in größere Not kommen – sie nehmen mir denn das Leben, so haben sie alles wohl«. Es gab Tage, da hatten Elisabeth und ihre Tochter nicht einmal Brot zu essen und Katharina musste betteln gehen. Für eine Fürstin, die es gewohnt war, zeit ihres Lebens an überreich gedeckten Tischen von einer Dienerschar umsorgt zu werden, war dies ein tiefer Fall.

Ein Lichtblick war für Elisabeth die Unterstützung durch ihre Tochter Katharina. Über sie schreibt sie in einem ihrer Lieder:

Allein Gott in der Höh sei Ehr
Und Dank für seine Gnade,
Der mir das Fräulein Katharina zart
Zum Töchterlein hat begnadet.
In seiner Furcht sie lebet gar,
Gezieret mit Gottseligkeit, ist wahr,
Zu seinem Lob und Ehren.

Das dank ich Gott in Ewigkeit
Und preise seine Gnade,
Die groß' Wohltat mir erzeiget hat.
Lobet ihn ohn' alle Maße.
Die hilft mir tragen das Kreuze schwer,
Lässt die Welt nicht abwenden sich.
Das wolle ihr der Herr bezahlen.

Nach zwei Jahren demütigender Beschränkungen verließ Elisabeth im Frühjahr 1555 für immer ihr Land, um auf dem thüringischen Besitz ihres Mannes in Ilmenau noch drei Jahre lang ein bescheidenes Leben zu führen. Sie verfasste in dieser Zeit ein Witwentrostbuch, das bis 1609 in insgesamt fünf Auflagen erschien. Mit dieser Schrift wollte die 46-Jährige andere Frauen in ihrem Witwentum trösten, indem sie von ihren eigenen Erfahrungen berichtete. Wie sie schreibt, habe es in allen Zeiten ihres Lebens nichts Tröstlicheres gegeben als das feste Vertrauen zu Gott und seinem Wort. »So habe ich doch nichtsdestoweniger mein Ergötzlichkeit in der Schrift, und dem Heilig-seligmachenden Wort, damit geh ich um, suche darin meines Herzens Freud und Trost.« Wie auch in ihren früheren Schriften reflektiert sie ihr Thema ausführlich auf dem Hintergrund der Heiligen Schrift. Sie zeigt auf, wie Gott für Witwen und Waisen sorgt und sie beschützt, wie er Menschen straft, die diese schwächsten Glieder einer Gesellschaft bedrängen und sie erläutert das rechte Verhalten einer Witwe. Die Ethik spielt also auch im letzten ihrer Werke eine große Rolle. Erfahrungsgesättigt beendete sie diese letzte Schrift mit den Worten: »Sünde vermeiden – ist ein Schrein; Geduld im Leiden – lege drein; Gut für Arges – tu dazu; Freude in Armut – Nun schließ zu.«

Elisabeth musste noch erleben, wie sie sich von ihren Kindern mehr und mehr entfremdete. Erich II. arrangierte gegen den mütterlichen Willen eine Ehe für ihre jüngste Tochter Katharina mit dem katholischen Burggrafen Wilhelm von Rosenberg, der Besitzungen in Böhmen hatte. Erich traf die Absprachen mit seinen Schwestern und informierte die Mutter erst, als alles entschieden war. Selbst zur Eheschließung kam die Mutter wegen eines falsch übermittelten Termins zu spät, so dass die Hochzeit von Katharina in Münden ohne Elisabeth stattfand. »O das sei dir, lieber Gott im Himmel, geklagt! Ist doch kein Bauer, kein Sau- oder Kuhhirt, der nicht Mutter und Vater zu seiner Hochzeit lüde! O lieber Herr Gott und Vater, womit habe ich das versündigt! Was habe ich nur für eine Sünde begangen, dass man mich so behandelt«, so bitter klagt sie über diese neuerliche Kränkung.

Ihre körperlichen und geistigen Kräfte nahmen stetig ab, Zeichen des Verfalls wurden immer deutlicher. Tobsuchtartige Anfälle ließen zunehmend an ihrer seelischen und geistigen Gesundheit zweifeln. Umsorgt von ihrem Ehemann Poppo starb sie am 25. Mai 1558 mit 48 Jahren nach einem Leben, in dem die Umbrüche der Reformationszeit tiefe Spuren hinterlassen hatten.

Sie war eine ungewöhnliche Frau und bischöfliche Regentin im Sinne des von Martin Luther geforderten Priestertums aller

Gläubigen. In zahlreichen Schriften hat sie mit großem laientheologischen Sachverstand für die Reformation gestritten. Ihre kirchenreformerischen Maßnahmen haben sich als dauerhafter erwiesen, als sie selber in ihrem Leben wohl zu hoffen wagte. Denn trotz der katholischen Kirchenpolitik ihres Sohnes blieb vor allem in den größeren Städten ihres Territoriums der evangelische Einfluss unumkehrbar. Und so konnte Herzog Julius von Braunschweig-Wolfenbüttel, der nach dem Tod Erichs II. das Fürstentum Calenberg-Göttingen erbte und auf diese Weise die beiden Teilfürstentümer wieder vereinte, das begonnene Werk seiner Großtante Elisabeth vollenden. Unter seiner Herrschaft festigte sich der evangelische Glaube in seinem gesamten Herzogtum.

Geboren
1510 in Cölln (heute Berlin) als Elisabeth von Brandenburg

Gestorben
1558 in Ilmenau

Leben
Als Regentin führte sie in ihrem Herrschaftsgebiet 1542 die Reformation ein und legte mit der von ihr erlassenen Kirchenordnung sowie der Klosterordnung wichtige Bausteine für spätere Entwicklungen. Als gebildete Laientheologin schrieb sie u. a. ein Regierungshandbuch und ein Ehestandsbuch. Darüber hinaus gab sie Kirchenlieder heraus.

Werke
Das Regierungshandbuch für ihren Sohn Erich II., 1545. Das Ehestandsbuch für ihre Tochter Anna-Maria, 1550. Das Trostbuch für Witwen, 1556 sowie eine Reihe geistlicher Lieder

Olympia Fulvia Morata

Gelehrte und weibliches Wunderkind

Ich, zwar Frau von Geburt, verließ doch die Werke der Frauen:
Körbe und Spulen im Garn, Fäden vom Zettel gespannt.
Mir schenken Freude die blühenden Auen der Musen,
die Chöre auf dem hohen Parnaß, der sich zweifach erhebt.
Andere Frauen mögen an anderen Dingen sich freuen:
Dies allein bringt mir Ruhm, dies allein ist mein Glück.

Olympia Fulvia Morata in einem Gedicht aus dem Jahr 1540/41

€ine Gelehrte will sie werden! Ihre Liebe gilt der Literatur, der Welt der Antike, der alten Sprachen der Griechen und Römer. Für Körbe und Spulen, Garn und Fäden hat sie nicht viel übrig. Andere Frauen mögen sich an diesen Dingen erfreuen, ihre Sache ist dies alles nicht. Nach Ruhm strebt ihr Sinn, nach Glück und Erfüllung in gelehrten Gesprächen und wissenschaftlichem Austausch. Olympia Fulvia Morata ist ein junges Mädchen, 14 oder 15 Jahre alt, als sie ihr Lebensprogramm in Verse fasst. Selbstbewusst reklamiert sie für sich das Recht, den als Frau ihr vorgeschriebenen Weg zu verlassen. Weg von der typisch weiblichen Betätigung drängt es sie in die Welt der Musen, der Dichtung, der schönen Künste. Für eine junge Frau des 16. Jahrhunderts ist dies ein sehr ungewöhnlicher Lebensplan. Und Olympia Fulvia Morata wird ein sehr ungewöhnliches Leben führen.

Woher rührt dieses Vertrauen, auch als Frau die Welt erobern zu können und die engen Fesseln des als schicklich Angesehenen abzulegen? In einer profunden Bildung von Kindesbeinen an und einem Vater, der die Talente der Tochter erkennt und systematisch fördert.

Als Olympia Fulvia Morata ihr Lebensprogramm formuliert, beherrscht sie bereits perfekt die antiken Sprachen und dichtet in formvollendetem Griechisch und in lateinischer Sprache. Sie hält mit 15 Jahren öffentliche Vorlesungen über den berühmtesten römischen Redner, den antiken Politiker, Schriftsteller und Philosophen Cicero. Griechische Lobreden über antike Helden sowie Anmerkungen zu Homer und Cicero verfasst sie. Ein Trauergedicht anlässlich des Todes eines angesehenen italienischen Kardinals stammt aus ihrer Feder. Kurzum: Sie wird von ihren Zeitgenossen als ein weibliches Wunderkind verehrt. Denn nicht nur die lateinische und griechische Sprache beherrscht sie perfekt, sondern sie ist genauso bewandert in allen Disziplinen der sieben freien Künste: Grammatik, Rhetorik, Logik, Astronomie, Musik, Arithmetik und Geometrie. Diese freien Künste umfassen zur Zeit Olympias den klassischen Bildungskanon eines gelehrten Mannes und sind die Vorstufe zum Studium der Theologie, der Jurisprudenz oder der Medizin.

Das weibliche Wunderkind, das schon in so jungen Jahren für Aufsehen sorgt, kommt im Jahr 1526 im italienischen Herzogtum Ferrara als Tochter des Humanisten Peregrinus Fulvius Moratus und seiner Frau Lucrezia Gozi zur Welt. Sie ist das erste Kind. Drei Schwestern, von denen eine den Namen Vittoria trägt, sowie ihr Bruder Emilio, geboren 1542, werden noch folgen. Olympias Vater Peregrinus ist bei ihrer Geburt bereits 43 Jahre alt, ein gelehrter und weltoffener Mann. Schon früh erkennt er die Begabung seiner Ältesten und übernimmt ihren Unterricht. Denn Peregrinus Moratus ist ein gefragter und geachteter Lehrer. Er unterrichtet sogar am Hof. Die Söhne des Herrschers sind seine Schüler, seit 1522 lehrt er am Hof von Ferrara, im Haus des Herzogs Alfonso I. d'Este, Latein und Griechisch. Er verfasst poetische und philologische Werke. Aus unbekanntem Grund muss er jedoch für einige Jahre Ferrara verlassen und lebt mit seiner Familie in verschiedenen italienischen Städten. Während dieser Zeit lernt er seinen engsten Freund kennen, einen Mann, der auch im Leben seiner Tochter Olympia eine wichtige Rolle spielen wird. Der neue Freund der Familie heißt Coelio Secundo Curione. Dieser Curione ist einer der ersten Italiener, der mit den Glaubensüberzeugungen der deutschen Reformatoren in Berührung gekommen ist und sich für die evangelische Lehre begeistert. Natürlich macht er auch seinen Freund Peregrinus Moratus vertraut mit den Lehren der Wittenberger Reformatoren, gemeinsam lesen sie die lateinischen Schriften Luthers und führen lange Gespräche darüber.

1539, Olympia ist nun 13 Jahre alt, kehrt die Familie Moratus an den Hof von Ferrara zurück. Der Freund Coelio Secundo Curione besucht die Zurückgekehrten dort und wohnt einige Zeit bei ihnen. Auch hier wieder lesen beide Männer intensiv reformatorische Werke, so auch die Schriften Philipp Melanchthons. Peregrinus Moratus schreibt später über diese Zeit an seinen Freund Curione:

Als ich mich überaus verlassen, kälter als der Frost selbst und in großer Gefahr sah, siehe, da wandtest du dich, von Gott gesandt, zu uns ... Einst las ich oder besser leckte ich etwas von Johannes und Paulus und von anderen Heiligen Schriften, aber deine lebendige Stimme und dein feuriger Geist, von dem du ganz leuchtest und andere bestrahlst, erweckte, erwärmte mich, so dass ich jetzt meine Verfinsterung erkenne und nun erst recht lebe, nicht ich, sondern Christus in mir und ich in Christus. Aus einem Hungerleider hast du mich zu einem Übersättigten gemacht, aus der Kälte Feuer. Jetzt ... fühle ich, kann ich auch viele andere an dem Reichtum, mit dem du mich erfüllt hast, teilnehmen lassen.

Das reformatorische Feuer, das nun in ihrem Vater entfacht war, wird auch Olympia Fulvia Morata in ihrem Elternhaus gespürt haben. Sie wird aber auch mit den Konsequenzen konfrontiert, die die Hinwendung zum evangelischen Glauben für viele mit sich bringt. Der Freund der Familie, Curione, muss bald wegen seiner Glaubensüberzeugungen Italien verlassen. Ab 1542 lebt er zuerst in Lausanne, bevor er 1546 in Basel eine neue Heimat findet. Fortan arbeitet er dort als Professor, noch heute erinnert sein Grabstein im Kreuzgang des Basler Münsters an diesen Gelehrten.

Kehren wir aber wieder nach Italien zurück, in die Stadt Ferrara. Sie ist im 16. Jahrhundert eine der glanzvollsten Städte Italiens, das Herrscherhaus der d'Estes gehört zu den reichsten des Landes und ist den Wissenschaften gegenüber sehr aufgeschlossen. »Die Stadt«, so ein Chronist, »liegt am Po, vornehm, mächtig und breit, ein Warenumschlagplatz, umgeben von Sümpfen und also weniger mit Obst und Wein gesegnet.« Was die Stadt auszeichnet sind ihre weiten und langen Gassen, die gesäumt sind von herrschaftlichen Palazzi. Auf einer kleinen Insel liegt ein gewaltiger Palast samt Gärten, »eine phantastische und in ganz Italien hochgerühmte Anlage, mit dem Namen Belveder, d. h. Schönblick.«

Olympia Fulvia Morata verbringt einen großen Teil ihrer Jugend in diesem Palast. Denn nachdem ihre Familie 1539 nach Ferrara zurückgekehrt ist, wird ihr Vater wiederum Prinzenerzieher. Nun allerdings unter dem neuen Herrscherpaar Herzog Ercole II. und seiner Frau Renata d'Este. Zurück als Lehrer unterrichtet er jetzt die beiden jüngeren Halbbrüder des Herzogs. Die 13-jährige Olympia wird ebenfalls an den Hof berufen. Ihre Aufgabe ist es nun Studiengefährtin der ältesten Herzogstochter, Anna mit Namen, zu sein. Die Mädchen erhalten eine vorzügliche Ausbildung. Ihre Lehrer sind die Brüder und deutschen Humanisten Johannes und Kilian Sinapius. Johannes Sinapius, der seinen deutschen Namen »Senf« nach humanistischer Art ins Lateinische übersetzt hat, ist Arzt am Hof von Ferrara und ein profunder Kenner der griechischen Literatur.

Am Hof schließt Olympia nicht nur Freundschaft mit ihrer Studiengenossin Anna, sondern lernt auch deren Mutter Renata d'Este kennen, eine der interessantesten Frauen der Reformationszeit. Seit 1528 ist Renata, Tochter des französischen Königs Ludwig XII. und seiner Frau Anna von Bretagne, mit dem italienischen Herzog Ercole II. verheiratet. Sie ist den Wissenschaften sehr zugeneigt und hat sich einen Ruf als gebildete Herzogin erworben. So legt sie großen Wert auf eine grundlegende humanistische Erziehung und Bildung ihrer drei Töchter und der zwei Söhne. Bereits vor ihrer Heirat war Renata in ihrer französischen Heimat mit der reformatorischen Lehre in Kontakt gekommen und hatte sich dieser zugewandt. Als Herzogin von Ferrara nimmt Renata d'Este zahlreiche französische Glaubensflüchtlinge, die dem evangelischen Glauben anhängen, an ihrem Hof freundlich auf.

So lebt beispielsweise 1536 Johannes Calvin, der spätere berühmte Genfer Reformator, unter dem Decknamen Charles d'Espeville für einige Wochen in Ferrara. Er hat sein Heimatland Frankreich verlassen müssen und wird nun am Hof von Renata empfangen. Wenn die Begegnung der Beiden auch nur kurz ist, so muss sie doch einen tiefen Eindruck bei der Herzogin hinterlassen haben. Bis zu Calvins Tod im Jahr 1564 bleibt Renata mit ihm in Kontakt. In einem regen Briefwechsel spricht der Reformator ihr immer wieder Mut und Trost zu, als ihre eigene Lage unter dem Druck der Inquisition immer schwieriger wird. Denn Renatas Mann, Ercole

II., ist dem katholischen Glauben treu geblieben und die Glaubensüberzeugungen seiner Frau missfallen ihm von Jahr zu Jahr mehr. Nachdem Herzogin Renata sich für den evangelischen Laienprediger Fanino eingesetzt hat, wird sie selber der Häresie und damit der Ketzerei verdächtigt. Die Folge: Ihr Mann stellt sie unter Hausarrest. Aus Frankreich wird zudem ein Inquisitor gesandt, der Renata unter Druck setzt, so dass sie nach schweren Drangsalen 1554 wieder eine katholische Messe besucht.

Als Olympia 1539 an den Hof kommt, ist von diesen späteren Auseinandersetzungen und Glaubenskämpfen allerdings noch nichts zu spüren, sondern eine liberale und weltoffene Atmosphäre prägt ihre Studienzeit. Ein Freund ihres Vaters kann in diesen Jahren über das Glück Olympias jubeln, das sie »zu solch günstiger Zeit an den königlichen Hof der guten, vortrefflichen Herzogin Renata und in das Gefolge der Prinzessin Anna emporgehoben« habe. Olympia beindruckt in dieser Zeit den Hof mit ihrer Gelehrtheit. Ihre Vorlesungen datieren aus dieser Zeit, ebenso wie ihre Gedichte und Anmerkungen zu Homer und Cicero, die verschollen sind. Es ist die Zeit, in der sie als weibliches Wunderkind die volle Aufmerksamkeit des Hofes und der Gelehrten erhält.

Der erste tiefe Einschnitt in dieses bis dahin ganz von Studien und dem höfischen Treiben geprägten Leben ist die Krankheit des Vaters. 1548 verlässt Olympia Fulvia Morata den Hof, um zu ihrer Familie zurückzukehren und sich der Pflege ihres todkranken Vaters zu widmen. Noch im selben Jahr stirbt Peregrinus Moratus. Olympia bittet Curione, den Freund ihres Vaters, nun, ihr eigener väterlicher Freund zu werden, und so an die Stelle des Verstorbenen zu treten. Curione nimmt diese neue Aufgabe dankbar an und wird von nun an einer der wichtigsten Begleiter Olympias und der spätere Herausgeber ihrer Werke. Ihm ist es zu verdanken, dass ihr Werk der Nachwelt überliefert worden ist und wir es heute kennen.

Als die 22-Jährige nach dem Tod des Vaters an den Hof zurückkehren will, hat sich die Lage für sie jedoch grundlegend verändert. Ihre Freundin, Prinzessin Anna, ist in der Zwischenzeit nach Frankreich verheiratet worden und nun die Gattin des Herzogs von Lothringen, Franz von Guise. Durch Intrigen und Verleumdungen, deren Zusammenhang sich nicht mehr aufklären lässt, ist die einst so bewunderte Olympia Fulvia Morata in Ungnade gefallen. Zwei Jahre nach diesen Vorkommnissen kann Olympia dieser neuerlichen Wendung ihres Lebens sogar Positives abgewinnen. Mit dem gebührenden Abstand gegenüber dieser Zeit ihrer Demütigung und Leiden durch den Hof teilt sie ihrem väterlichen Freund Curione mit:

Dies alles wollte ich dir schreiben, nicht damit du über unsere Leiden betrübt bist, sondern damit du uns dazu beglückwünscht. Gott hat sich nämlich in unserem Unglück gnädig gezeigt, ja, ich bin sogar froh, dass mir das alles widerfahren ist; denn wenn ich länger am Hof geblieben wäre, wäre es um mich und mein Heil geschehen gewesen. Niemals nämlich konnte ich, solange ich dort lebte, etwas Hohem oder Göttlichem Verehrung entgegenbringen noch die Bücher des Alten und Neuen Testaments lesen. Aber nachdem die Fürstin sich durch die Missgunst und die Anfeindungen gewisser schlechter Leute unserer Familie hatte entfremden lassen, haben diese kurzlebigen, flüchtigen und hinfälligen Dinge kein so großes Verlangen mehr in mir geweckt, sondern Gott hat in mir die Sehnsucht entzündet, in jenem himmlischen Hause zu wohnen, in dem nur einen einzigen Tag zu verweilen köstlicher ist als tausend Jahre an diesen Fürstenhöfen. Und so habe ich mich ganz theologischen Studien zugewendet; ein Zeugnis dafür sind die Gedichte, die ich im letzten Jahr gemacht habe.

So führt in Olympias Rückschau ihr tiefer Fall am Hof für sie zu der großen Zäsur ihres Lebens: Sie gibt sich ganz den theologischen Studien hin. Weitere wichtige Entscheidungen fallen in diesen zwei Jahren nach dem Tod des Vaters. Nachdem sie nicht an den Hof zurückkehren kann, studiert sie nicht nur leidenschaftlich, sondern widmet sich auch der Erziehung ihrer jüngeren Geschwister. Sie lernt in dieser Zeit aber auch den deutschen Arzt Andreas Grundler kennen. Grundler stammt wie die Brüder Sinapius, die einst Olympia und Anna am Hof unterrichteten, aus Schweinfurt. Nach Studien in Heidelberg und Paris ist Andreas Grundler an die Universität von Ferrara gekommen, wo er 1549 zum Doktor der Medizin promoviert wird. Nur wenige Zeit später heiraten er und Olympia.

Es muss eine sehr glückliche und erfüllte Ehe gewesen sein. Davon zeugen Briefe, die Olympia ihrem Mann nach Deutschland schickt, als dieser auf der Suche nach einer Anstellung in seine Heimat reist. Getrennt von ihm für einige Monate, schreibt ihm

Abb. 10
Olympia Fulvia Morata: Gebildete Humanistin und gläubige
Protestantin

seine Frau: »Verliebt, getrennt und auch noch ungewiss zu sein, wo der Geliebte lebt, ist rechte Seelen-Pein.« In einem anderen ihrer Briefe heißt es: »Gott hat mich auch diesem Mann zur Ehe gegeben, der so große Freude an meinen Studien hat.« Andreas Grundler fördert die Fähigkeiten seiner Frau auf die ihm eigene Weise. Er ist musikalisch begabt, und so vertont er nicht nur Olympias Psalmdichtungen, sondern veröffentlicht sie auch als Liedersammlung.

Zu ihrer Hochzeit verfasst Olympia ein griechisches Gedicht, in dem sie Gott um Segen für ihre Ehe bittet. In diese Zeit fällt auch die Abfassung eines ersten lateinischen Dialogs, in dem sie sich selbst und ihre Freundin Lavinia della Rovere als Gesprächspartnerinnen auftreten lässt. In einer Rückschau auf ihr bisheriges Leben setzt sie sich in diesem Dialog auch kritisch mit ihrem bisherigen Bildungsweg auseinander, der sie von der Liebe zur Antike hin zu einem tief fundierten Glauben geführt hat.

Das war die große Finsternis, die meinen Geist umhüllte, bis Gott selber sie gnädig zerriss und über mir das Licht seiner göttlichen Weisheit aufleuchten ließ. An mir selber habe ich es erfahren dürfen, wie er die menschlichen Geschicke lenkt. Du weißt ja, wie verlassen und verstoßen ich war; da hat er es an mir erwiesen, dass er der Vater und Schutzherr der Waisen ist. Glaube mir, keine Elternliebe gleicht der Freundlichkeit und Nachsicht, die Gott an mir geübt hat. Ach, erst da habe ich meine ganze Torheit erkannt.

Im fiktiven Gespräch mit ihrer Freundin Lavinia bekennt sie sich zu ihrem Wissensdurst und sieht auch darin eine göttliche Fügung. »Gott hat es so gewollt, er gab mir diese Neigung, diese brennende Liebe zum Studium; er tut nichts von ungefähr, sondern ordnet alles nach seiner unendlichen Weisheit. Und vielleicht darf mein Wissen einmal zu seinem Ruhme und mir dadurch zum schönsten Lohn gereichen.«

1550 bricht das Ehepaar Grundler/Morata nach Deutschland auf, einer noch ungewissen Zukunft entgegen. Denn das Klima für evangelisch Gesinnte hat sich in Ferrara merklich verschlechtert. Die Brüder Sinapius sind bereits in die deutsche Heimat zurückgekehrt. Vorangegangen war diesem Entschluss die Festnahme des evangelische Laienpredigers Fannio Fanini. Er wurde ins Gefängnis geworfen und im August 1550 auf dem Scheiterhaufen in Ferrara verbrannt.

Olympia, mittlerweile 24 Jahre alt, fällt es schwer, ihre Mutter und ihre drei unversorgten Schwestern in ihrer Heimatstadt zurückzulassen. Ihren 8-jährigen Bruder Emilio, dessen Erziehung und Unterricht in ihren Händen liegt, nimmt sie mit nach Deutschland. Die Reiseroute der kleinen Familie führt von Ferrara nach Verona, das Tal der Etsch aufwärts nach Trient und weiter über den Brenner Pass, den schwierigsten Abschnitt der Reise. Von Innsbruck geht es das Inntal abwärts bis nach Kaufbeuren und Augsburg. Diese insgesamt 580 km lange Reise bringt für alle große Strapazen mit sich. Bei reibungslosem Verlauf und sechsstündiger Fahrt können am Tag 30 bis 40 km zurückgelegt werden. Bei schlechtem Wetter und vor allem im Gebirge entsprechend weniger.

Eine erste längere Rast legen die Reisenden nach dem Überqueren der Alpen in Kaufbeuren ein. Sie sind Gäste von Georg Hermann, der als Leiter der Fuggerschen Faktorei im Bergwerksgebiet von Schwaz und als Finanzberater der österreichischen Regierung eine einflussreiche Stellung hat. Der Gastgeber lässt sich von Andreas Grundler medizinisch betreuen, während Olympia sich ungestört in der reich ausgestatteten Bibliothek des Hauses aufhalten kann. »Ich bin hier sehr gern«, schreibt sie einem Freund in Ferrara, »den ganzen Tag ergötze ich mich mit den Musen und werde durch keine äußere Sorge davon abgelenkt. Am meisten aber zieht es mich zu den göttlichen Studien, aus denen ich mehr Frucht und Genuss gewinne als aus jenen.« Sie liest das Neue Testament im griechischen Urtext und die in lateinischer Sprache erschienen theologischen Schriften der Reformatoren. Über Würzburg, wo Olympia mit ihrer Familie gastfreundliche Aufnahme bei ihrem einstigen Lehrer Johann Sinapius und dessen Familie findet, führt die Reise schließlich nach Schweinfurt, der Geburtsstadt Andreas Grundlers.

Andreas Grundler erhält vom Rat der Stadt Schweinfurt sofort ein Angebot, sich hier als Arzt niederzulassen. Denn die Stadtväter sehen sich mit einer nicht ganz leichten Aufgabe konfrontiert. Kaiser Karl V. will für den Winter 1550/51 mehr als 200 spanische Söldner in der nur 700 Einwohner zählenden Stadt einquartieren. Da der Ausbruch von Krankheiten befürchtet wird, ist ein kompetenter Arzt wie Grundler sehr gefragt. Die kleine Familie bezieht das Elternhaus von Andreas Grundler und richtet sich in der neuen Heimat ein. Für Olympia, der Deutschland gänzlich fremd ist, bietet die Bibliothek ihres Vaters ein Stück Heimat in der Fremde. Trotz beträchtlicher Kosten hat sie seine Bücher über die Alpen bringen lassen und baut sich nun eine eigene Bibliothek auf. Sie nimmt den Unterricht für ihren Bruder Emilio auf und hat sogar noch eine weitere Schülerin. Ihr ehemaliger Lehrer Johann Sinapius hat ihr seine Tochter Theodora anvertraut, die von nun an mit im Haus der Familie Grundler/Morata wohnt und von Olympia unterrichtet wird.

Es dauert nicht lange, bis das gelehrte Ehepaar Kontakte zu anderen Gleichgesinnten knüpft. So treffen sie sich zu Austausch und

Gespräch mit dem Prediger an der Stadtkirche, Johannes Linde-
mann, einem Verwandten Martin Luthers. Aber auch zu Johannes Cremer, der als angesehener Humanist gilt und der örtlichen
Lateinschule vorsteht und zudem noch mit Andreas Grundler ver-
wandt ist, besteht reger Kontakt. Mit dem Erlernen der deutschen
Sprache tut sich Olympia allerdings schwer. So kann sie ihren ursprünglich gefassten Plan, Luthers Schriften ins Italienische zu
übersetzen, nicht in die Tat umsetzen und bittet einen befreunde-
ten Theologen darum, es an ihrer statt zu tun. Denn sie möchte,
dass auch ihre italienischen Landsleute an den göttlichen Gaben teilhaben können, die ihrer Meinung nach in Deutschland so
reichlich vorhanden sind.

In den Schweinfurter Jahren bereitet Olympia Fulvia Morata
die Sorge um die Mutter und die zurückgebliebenen Schwestern
den größten Kummer. In 10 von insgesamt 16 ihrer Briefe aus dieser Zeit ist von der Sehnsucht nach ihrer Familie im fernen Land
die Rede. »Wahrlich, wenn Deutschland mir nicht diesen Trost
gäbe, dass ich hier die theologischen Bücher lesen darf, auf die ich
in Italien hätte verzichten müssen, dann könnte ich die Sehnsucht
nach den Meinen nicht ertragen.« Den Briefverkehr durch Boten
zu organisieren ist überaus schwierig. Über ein Jahr nach ihrer Abreise aus Ferrara hört die junge Frau nichts von ihrer Mutter und
den Schwestern. Nachdem der erste Kontakt hergestellt ist, dauert
es wiederum mehr als 12 Monate, bis sie erneut eine Nachricht aus
Ferrara erhält.

Zeugnisse ihrer dichterischen Tätigkeit in Schweinfurt sind
die Psalmenbearbeitungen aus Olympias Feder. In der Ausgabe
ihrer Werke finden sich die Psalmen 1, 2, 13, 34, 46, 70, 125 und
151. Der biblische Stoff wird dabei bewusst von ihr in die Bilder-
und Formenwelt der griechischen Lyrik übersetzt, so dass ganz
eigene Sprachschöpfungen entstehen. Übersetzt Martin Luther
den 23. Psalm mit den Worten »Der Herr ist mein Hirte, mir wird
nichts mangeln«, so klingen diese Verse in der griechischen Übersetzung Olympia Moratas folgendermaßen: »Des hohen Olympos
König und der nahrungsspendenden Erde weidet mich. Was wird
mir mangeln?«

Ihre geistige Freiheit in Deutschland bedeutet dem Ehepaar
Grundler/Morata sehr viel. So lehnen sie ein lukratives Angebot
für einen Lehrstuhl im österreichischen Linz ab, das Andreas

Grundler unterbreitet wird. Sie befürchten beide, in dem katholischen Linz in ihrem Bekenntnis zum evangelischen Glauben eingeschränkt zu werden. Olympia in einem Brief aus dieser Zeit: »Es ist euch gewiss nicht entgangen, dass wir in Christi Sold stehen und seinem Kriegsdienst durch einen heiligen Eid verpflichtet sind, so dass wir, wenn wir davon weichen wollten, einer ewigen Strafe gegenwärtig sein müssten. Darum muss es uns zur größten Sorge gereichen, dass wir nicht aus Furcht vor den Feinden den Schild des Glaubens wegwerfen und uns vermessen der Gefahr aussetzen, wider ihn zu sündigen.«

Über ihren Glaubensernst berichtet sie 1554 ebenfalls in einem Brief an Anna d'Este, der Gefährtin ihrer Studienjahre in Ferrara. Anna ist in Frankreich verheiratet mit einem der schärfsten Gegner der evangelischen Lehre, Franz von Guise. In ihrem Brief bittet Olympia die Freundin um Unterstützung für die aus Glaubensgründen Verfolgten. Anna möge sich doch nach ihren Möglichkeiten für sie einsetzen. Über ihren eigenen Glaubensweg schreibt Olympia: »Früher verabscheute ich sehr lange die theologische Literatur, jetzt möchte ich mich allein damit erfreuen, ich möchte meinen ganzen Eifer, meinen Fleiß, meine Sorge, ja, mein ganzes Denken auf dieses Studium verlegen, damit ich dies alles verachte: Reichtum, Ehren, Vergnügungen, die ich sonst zu bewundern pflegte.«

Ihrer italienischen Freundin Lavinia wagt sie es, einige kleine lateinische Schriften Martin Luthers zu schicken, damit diese darin lesen, sich »ansprechen und erquicken« könne. Über die Lage in Italien macht sich Olympia keine Illusionen. An Curione in Basel berichtet sie: »Du weißt ja selbst nur zu gut, wie gefährlich es dort ist, sich als Christen zu bekennen ... Deswegen möchte ich trotz aller Sehnsucht nach den Meinen doch lieber in die entferntesten Länder reisen, als dorthin zurückkehren, wo der Antichrist so große Gewalt hat, gegen die Gläubigen zu wüten.«

Aber auch in Deutschland toben immer wieder kriegerische Auseinandersetzungen zwischen der evangelischen und der katholischen Seite, die nicht nur aus religiösen, sondern oftmals auch aus politischen Gründen geführt werden. Dabei wechselt mancher der Protagonisten öfter die Seiten, so dass die politische Lage verworren und unübersichtlich ist. Eine der schillerndsten Gestalten in diesem Wechselspiel von politischen und religiösen

Gründen ist Moritz von Sachsen. Eigentlich steht Moritz als Herrscher des protestantischen Sachsens auf der Seite der Evangelischen. Doch sein protestantisches Bekenntnis hindert ihn nicht daran, sich im Schmalkaldischen Krieg, in dem die katholische Seite gegen die evangelische kämpft, auf die Seite des katholischen Kaisers zu schlagen. In der Schlacht von Mühlhausen siegt Moritz von Sachsen an der Seite Kaiser Karls V. 1547 über die protestantische Streitmacht und wird von nun an von seinen früheren Glaubensgenossen nur noch als »Judas von Meißen« bezeichnet. Der Kaiser enttäuscht Moritz von Sachsen allerdings schwer in der Folgezeit, da er seine ihm gegebenen Versprechen nicht einhält. Eines dieser gebrochenen Versprechen bezieht sich auf Moritz' Schwiegervater, Philipp von Hessen, einen der wichtigsten Fürsten auf evangelischer Seite. Hatte der Kaiser ursprünglich zugesichert, nach dem Sieg über die Protestanten Philipp von Hessen zu schonen, so lässt er ihn nach der Niederlage von Mühlhausen dennoch verhaften und kerkert ihn für mehrere Jahre ein. Moritz von Sachsen wandelt wiederum seinen Sinn und wendet sich im Jahr 1552 in einem überraschenden Feldzug gegen den Kaiser. Dieses Manöver ist so gelungen, dass Kaiser Karl V. zur Flucht aus Deutschland gezwungen ist. Moritz, der nun wieder als Retter der evangelischen Sache auftreten kann, ist rehabilitiert. Es kommt durch den Sieg Moritz von Sachsens über das Heer des katholischen Kaisers Karl V. im Juli 1552 zum Abschluss des Passauer Vertrages, einem der Vorläufer des Augsburger Religionsfriedens von 1555, mit dem die Protestanten rechtlich anerkannt werden.

Einer der Kampfgenossen Moritz von Sachsens in dieser wirren Zeit ist Markgraf Albrecht Alcibiades von Brandenburg-Kulmbach, der im Schmalkaldischen Krieg ebenso wie im Feldzug gegen den Kaiser auf Seiten von Moritz gekämpft hat. Nach dem Abschluss des Passauer Vertrages zieht Markgraf Albrecht Alcibiades allerdings weiter marodierend durch die Gegend und zettelt auf eigene Faust einen Krieg gegen Nürnberg, Würzburg und Bamberg an. Als Standort für sein Heer hat sich Albrecht Alcibiades die bis dahin um ihre Neutralität bemühte evangelische Reichsstadt Schweinfurt ausgesucht. Mit seinem Heer bevölkert er die Stadt, seine ehemaligen Freunde Moritz von Sachsen, Wilhelm von Hessen und Heinrich von Braunschweig-Wolfenbüttel verbünden sich gegen ihn und erwirken ein kaiserliches Verbot seiner Räubereien. Schweinfurt wird daraufhin erstmals von bischöflichen Truppen aus Würzburg und Bamberg belagert.

Für die Schweinfurter Bevölkerung ist diese neuerliche kriegerische Auseinandersetzung rund um ihre Stadt eine äußerst qualvolle Zeit. Auch für Olympia und ihre Familie brechen schwere Zeiten an. So schreibt sie in einem Brief an ihre Freundin Lavinia della Rovere in Italien:

Ich freue mich, dass mir in unsrer großen Trübsal Gelegenheit gegeben ist, an dich zu schreiben, die mir unter allen Frauen die liebste ist, meine Mutter ausgenommen. Wir waren belagert von einem großen Heer der beiden Bischöfe von Würzburg und Bamberg und den Truppen des Kurfürsten Moritz und der Nürnberger, weil der Markgraf von Brandenburg sein Heer in unsere Stadt gelegt hatte. Durch Ansteckung von den Soldaten, von denen die Stadt überfüllt war, ist eine so schwere Krankheit über alle Bürger gekommen, dass fast die Hälfte der Bürger gestorben ist. Von dieser Krankheit ist auch mein liebster Mann ergriffen worden und zwar so schwer und gefährlich, dass keine Hoffnung auf sein Leben mehr vorhanden war. Aber der Herr, der ins Totenreich hinabzuführen pflegt, hat ihn durch meine und der ganzen Gemeinde dringliche und unaufhörliche Bitten wieder herausgeführt und hat sich meiner erbarmt, die ich einen so großen Schmerz nicht hätte ertragen können. Unter all diesen Drangsalen haben wir einen Trost gehabt, das Wort Gottes, durch das wir uns aufrecht erhalten haben, und deshalb habe ich auch nie zurückgeschaut nach den Fleischtöpfen Ägyptens und möchte lieber hier den Tod finden als anderswo alle Freuden der Welt genießen. Und obwohl wir noch nicht von diesen Übeln befreit sind, haben wir dennoch, weil wir einen so gegenwärtigen Gott haben, die Hoffnung, dass er uns, wenn es ihm gefällt, befreien werde. Wir zweifeln nicht, dass das alles um der Geringachtung des göttlichen Wortes willen über uns gekommen ist, weswegen auch Jerusalem von Grund auf zerstört worden ist.

War die ausgestandene Todesangst um ihren Mann eigentlich schon genug, so sollte es doch noch schlimmer für Olympia kommen. Ostern 1554 setzt eine erneute Belagerung der Stadt ein, Albrecht Alcibiades kann unbemerkt die Stadt verlassen, was seine Gegner jedoch nicht daran hindert, im Juni 1554 in die Stadt einzudringen und beim großen »Stadtverderben« die Stadt zu plündern und in Brand zu stecken. Nur knapp entgehen Olympia und ihr Mann Andreas gemeinsam mit ihrem Bruder Emilio dem Tod. Theodora, die ebenfalls im Haushalt lebte, war schon vor der ersten

Belagerung der Stadt wieder zu ihrem mittlerweile verwitweten Vater zurückgekehrt.

Barfuß, nur mit einem dünnen Hemd bekleidet, ohne jegliche Habe, muss Olympia mit ihrer Familie aus der Stadt fliehen. Vor den Toren droht ihr Mann in Gefangenschaft zu geraten. Nur die inständigen Bitten seiner Frau um Gnade für ihn bewegen die Soldaten dazu, ihn wieder frei zu lassen. Es beginnt ein mühsamer, für Olympia kaum erträglicher Fluchtweg. Gerade der drohenden Gefangennahme entronnen, wird ihr Mann wenig später von bischöflichen Truppen beinahe hingerichtet. Olympia empfindet sich unter den »ärmlichen Frauen als Bettlerkönigin«, da ihr, außer einem zerfetzten Leinenhemd am Leib, nichts geblieben ist. Über Hammelburg a.d. Saale führt ihr Weg schließlich zuerst in die Stadt Lohr zum evangelisch gesinnten Grafen Philipp von Rieneck, von dort zum Schloss Fürstenau zum ebenfalls protestantischen Grafen Georg von Erbach. Hier wird die mittlerweile schwer erkrankte Olympia durch die Frau des Grafen, Elisabeth, gepflegt.

Bereits wenige Wochen später, im Juli 1554, findet Andreas Grundler jedoch eine neue Anstellung in Heidelberg. Diesmal ist es endlich die ersehnte Professur für Medizin. Auf Vermittlung des Grafen von Erbach erhält er den dritten medizinischen Lehrstuhl in der Universitätsstadt. Auch seine Frau Olympia Fulvia Morata soll hier zur »Zierde der Universität« tätig werden und Griechisch lehren. So schreibt der Chronist und kurfürstliche Sekretär Hubert Thomas Leodius:

Beide wurden sie von unserem Fürsten hierher aufgenommen zur Zierde für unsere Universität, er, um sich der Medizin zu widmen, sie, damit sie den Umgang mit griechischen Texten lehre. Dies hat sie bis jetzt hinausgeschoben, da sie von Krankheit befallen ist. Ich hoffe dennoch, dass im Verlauf der Zeit der Verlust wieder aufzuholen ist.

Olympia wird laut dieser Notiz demnach ebenfalls eine Lehrtätigkeit an der Universität angeboten. Dieser ungewöhnliche Umstand hat in der historischen Forschung immer wieder für Diskussionen gesorgt. Ein Lehrstuhl für eine Frau! Das erschien der Nachwelt als gänzlich unwahrscheinlich. Warum diese Notiz des kurfürstlichen Sekretärs, der mit allen Universitätsangelegenheiten betraut war, jedoch nicht den Tatsachen entsprechen soll, konnte bislang nicht belegt werden. Vielmehr scheint Olympia bereits in ihrem Haus wieder den Unterricht in Griechisch-Lektionen nicht nur für ihren heranwachsenden Bruder, sondern auch für andere Schüler aufgenommen zu haben. So bedankt sich ein Hieronymus Angenosius brieflich bei ihr für die »Früchte«, die er dank ihrer Unterweisung im Griechischen empfangen und in den »colloquia« bei ihr täglich Fortschritte gemacht habe. Daher schreibt ein späterer Chronist in seiner Geschichte der rheinischen Pfalz über die Humanistin Olympia Fulvia Morata: »Ihr Tod … hat Heidelberg um den Ruhm gebracht, mit der Emancipation der Frauen späteren Jahrhunderten vorangegangen zu seyn.«

Tatsächlich erholt sich Olympia nicht mehr von der fiebrigen Erkrankung, die sie sich bei der Flucht aus Schweinfurt zugezogen hat. Die Monate in Heidelberg sind geprägt von immer neuen Schwächeanfällen. Dazu kommt die Sorge um die alltäglichen Dinge, denn die Familie Grundler/Morata hat nichts aus Schweinfurt retten können. Auch die kostbare Bibliothek Olympias ist verloren, auch wenn sie all ihre Energie in den Aufbau einer neuen legt. Im Sommer 1555 wird Olympia Fulvia Morata erneut schwer krank.

In ihrem letzten Brief an ihren väterlichen Freund Curione in Basel schreibt sie:

Du sollst wissen, mein lieber Caelius, dass mir alle Hoffnung auf ein längeres Leben genommen ist. Alle die Medikamente, die ich gebraucht habe, helfen mir nicht mehr. Von Tag zu Tag, ja von Stunde zu Stunde erwarten die unseren nichts anderes, als dass ich von hier abscheide, und ich weiß wohl, dass dies der letzte Brief ist, den du von mir erhalten wirst. Ich habe alle Kraft verloren, ich habe keinen Geschmack an Speisen. Der Husten ist heftig und anhaltend. Schmerzen im ganzen Körper rauben mir den Schlaf. So bleibt mir nichts anderes, als dass ich den Atem aushauche.

Sie dankt Curione noch einmal für seine Bücher, die er ihr mit Hilfe anderer gelehrter Männer zum Aufbau einer neuen Bibliothek geschickt hatte und bittet ihn, allen dafür tausend Dank zu sagen.

Ich hätte diesen Dank so gerne selber abgestattet, wenn das Geschick es so gewollt hätte. Lebe wohl, mein bester Caelius, und wenn man dir meinen Heimgang meldet, dann sei nicht traurig; denn ich weiß, dass ich dann erst recht leben werde, und ich wünsche abzuscheiden und bei Christo zu sein. Heidelberg ist ganz verlassen, teils durch die Flucht so vieler wegen der Pest, teils durch den Tod nicht weniger. Mein Emilio, nach dem du fragst, bedürfte bei seinem Lernen mehr des Ansporns als der Zügel. Ich schicke dir auf deine Bitte die Gedichte, die ich nach der Zerstörung von Schweinfurt aus dem Gedächtnis wiederherstellen konnte; meine anderen Schriften sind verloren gegangen. Sei Du mein Aristarch (Aristarch aus Samosata gab die Werke Homers heraus, S. D.) und lege die letzte Hand daran. Noch einmal, lebe wohl!

Andreas Grundler schickt diesen Brief erst nach dem Tod seiner Frau im Oktober ab und legt ihm eine Schilderung ihrer letzten Stunden bei:

Wenige Stunden vor ihrem Ende erwachte sie aus einem kurzen Schlummer und schien mir, von einer unbekannten Seligkeit erfüllt, ein wenig zu lächeln. Ich näherte mich ihr und fragte, warum sie so süß gelächelt habe: ›Ich sah‹, antwortete sie, ›noch im Schlafe einen Ort, der vom schönsten klarsten Licht erfüllt war.‹ Da sie vor Schwäche nicht weiter sprechen konnte, sagte ich: ›Wohlan, mein Weib, sei getrost, in jenem wunderschönen Lichte wirst du leben‹. Da lächelte sie noch einmal, nickte ein wenig mit dem Kopf und sagte bald darnach: ›Ich bin glücklich, ganz glücklich‹. Weiter sprach sie nichts mehr bis zu dem Augenblick, da ihr Augenlicht schon verschwommen war: ›Ich kann euch kaum mehr recht erkennen, es scheint mir aber alles rings umher voll der schönsten Blumen zu sein‹. Das waren ihre letzten Worte, bald darauf hauchte sie wie in süßem Schlaf ihren Geist aus.

Ihrer letzten Bitte entsprechend, gibt Curione bereits 1558 in Basel ihre Werke und Briefe heraus, aus denen wir das meiste von dieser ungewöhnlichen Frau wissen. In diesem Buch finden sich 3 Reden, 16 Gedichte und 30 Briefe. Gewidmet ist diese erste Ausgabe der Schriften Olympia Moratas einer anderen Frau, die ebenfalls aus religiöser Überzeugung Italien verlassen musste und in die Schweiz geflohen war. Ihr Name: Isabella Bresegna. Die späteren Auflagen widmet Curione dagegen Königin Elisabeth I. von England. Die zweite Auflage von 1562 wird durch die Hilfe von Freunden Moratas um weitere Werke aus ihrer Feder ergänzt, so dass einige Prosawerke sowie 42 weitere Briefe darin zu finden sind. 1570 erscheint eine dritte Auflage, die um weitere 10 Briefe ergänzt worden war.

Den Ausgaben ihrer Werke stellt der Humanist Johann Herold ein Gedenkblatt an die Verstorbene voran, in dem es heißt: »Der

Olympia Fulvia Morata Gruntlera, die einst, von Gestalt ein Weib, an Geist aber größer als ein Mann, mit einem Herzen, das allein Christus fassen wollte, die ganze Welt verschmähte.«

Olympia Fulvia Morata ist gemeinsam mit ihrem Mann Andreas Grundler und ihrem Bruder Emilio, die beide nur wenige Wochen nach ihr der Pestepidemie zum Opfer fielen, in der Heidelberger Peterskirche bestattet.

In seinem Kondolenzbrief an Olympias Mutter schreibt Coelio Secundo Curione:

Deine Tochter lebt auch noch in dieser Welt ... in dem Gedächtnis aller hervorragenden Geister. Denn das ist nicht allein für Leben zu halten, das von Körper und Geist umfasst wird, sondern viel stärker das, was in der Geschichte aller Jahrhunderte seine Kraft zeigen, dass die Nachwelt weiterhegen, ja, auf welches die Ewigkeit selbst immer blicken wird.

Geboren
1526 in der italienischen Stadt Ferrara

Gestorben
1555 in Heidelberg

Leben
In ihrer Jugend sorgte sie als Wunderkind am Hof von Ferrara für Furore. Als Glaubensflüchtling kam sie in das Römisch-Deutsche Reich. Auf Grund ihrer exzellenten Kenntnisse der lateinischen und griechischen Sprache wurde ihr in Heidelberg eine Lehrtätigkeit an der Universität angeboten, die sie wegen ihres frühen Todes nicht antreten konnte.

Werk
Vorlesungen über Cicero, Briefe und Gedichte, Übersetzungen, Dialoge »Lavinia della Rovere Orsini und Olympia Morata« sowie »Theophila und Philotima«

Martin Luther
und seine Sicht der Frau

Martin Luther ist die prägende und wirkungsmächtigste Gestalt der Reformation. Daher kommt seinen Äußerungen über die Stellung der Frau eine besondere Bedeutung zu. Zur Rolle der Frau hat er in seinen Werken in verschiedener Form Stellung genommen. So ist in seinen Schriften Aufschlussreiches zu diesem Thema zu lesen. Er hat seine Meinung bei Gesprächen am häuslichen Tisch kundgetan, und aus seinem Briefwechsel mit Frauen ist ebenfalls Interessantes zu schließen.

In seinen Schriften formulierte er seine Gedanken aus und machte sie der Öffentlichkeit zugänglich. Wir haben es hier also mit Traditionsquellen zu tun, demgegenüber seine Äußerungen, wie sie in den Tischreden überliefert sind, eher spontane Überlegungen sind. Oft sind diese Worte wohl auch der lockeren Atmosphäre beim heimischen Essen geschuldet und von daher als Überrestquellen zu charakterisieren. In seinem Briefwechsel mit Frauen ist sein praktisches Verhalten dokumentiert.

Was ist nun in den Schriften Luthers über sein Frauenbild zu lesen? Ihm waren prinzipiell neue Einsichten möglich, da er die Werte und Normen seiner Zeit kritisch am biblischen Zeugnis prüfte und althergebrachte Überlieferungen ablehnte, wenn sie der Heiligen Schrift widersprachen. Sein Prinzip des »sola scriptura« wurde hier wirksam. Dieses Prinzip besagt: Allein, was in der Schrift steht, hat Gültigkeit und ist Maßstab für das eigene Urteil und Handeln. Dieses Schriftprinzip Luthers gilt auch in Bezug auf seine Sicht der Frau, denn so gelangte er teilweise zu neuen Wertungen. Aus seinem großen Werk sind drei Schriften besonders aufschlussreich, da sie sich ausdrücklich mit der Beziehung zwischen Frau und Mann beschäftigen. Zum einen ist dies seine Schrift »Vom ehelichen Leben« aus dem Jahr 1522, zum anderen sein »Traubüchlein« von 1529. Da für Luther die Stiftung der Ehe aus dem Schöpfungsbericht abzuleiten ist, soll als drittes sein »Genesiskommentar« aus den Jahren 1535 bis 1545 näher angeschaut werden.

In seinem Buch »Vom ehelichen Leben« betont Luther gleich zu Beginn die Gleichwertigkeit von Mann und Frau. »Gott schuf den Menschen, dass es ein Männlein und ein Fräulein sein sollte.« Beide werden als gute Geschöpfe bezeichnet. In der Gestalt von Frau und Mann ist der Mensch zum Bilde Gottes geschaffen. Deshalb, so Luther weiter, soll »der Mann das Weibsbild nicht verachten noch ihrer spotten, umgekehrt verachte das Weib den Mann nicht, sondern ein jeder ehre des andern Bild und Leib als ein göttliches, gutes Werk, das Gott selbst wohl gefällt.« So gelten für beide auch die gleichen Rechte und Pflichten in der Ehe. Und er gesteht auch der Frau das Recht auf eine Ehescheidung zu, wenn ihr Mann die Ehe gebrochen hat.

Zur Verachtung der Frau und der Ehe in der mittelalterlichen, katholischen Frömmigkeit schreibt er: »So haben sie beschlossen, dass ein Weib sei ein nötiges Übel und kein Haus ohne solches Übel. Das sind nun blinder Heiden Worte, die nicht wissen, dass Mann und Weib Gottes Schöpfung ist, und lästern ihm sein Werk, gerade, als kämen Mann und Weib unversehens dafür.«

Gemeinsame Aufgabe von Frau und Mann ist es, gemäß dem Schöpfungsauftrag (»Seid fruchtbar und mehret euch«, 1. Mose 1,28) Kinder zu bekommen und sie im Glauben an Gott zu erziehen. Weil dies für Luther das allerkostbarste und teuerste Werk auf Erden ist, scheut er sich auch nicht, Vater und Mutter der Kinder Apostel und Bischof zu nennen. »Denn ganz gewiss sind Vater und Mutter ihrer Kinder Apostel, Bischöfe, Pfarrer, indem sie das Evangelium ihnen kundmachen. … Wer den andern das Evangelium lehrt, der ist wahrhaftig sein Apostel und Bischof.« Weil Frau und Kind ebenso wie der Mann eine Kreatur Gottes sind, kommt Luther auch zu recht ungewöhnlichen und für uns heutige Leserinnen und Leser modern klingenden Vorschlägen. Der Mann soll sich nicht zu schade sein, das Kind in den Armen zu wiegen, die Windeln zu waschen und für die Mutter zu sorgen.

Nun sage mir: Wenn ein Mann hinginge und wüsche die Windeln und täte sonst am Kind ein verächtliches Werk und jedermann spottete seiner und hielte ihn für einen Maulaffen und Frauenmann, sofern er's täte in solchem obgesagten Sinn und christlichen Glauben: Lieber, sage, wer spottet hier des anderen am feinsten? Gott lacht und freut sich mit allen Engeln und Kreaturen, nicht darüber, dass er die Windeln wäscht, sondern darüber, dass er's im Glauben tut.

Luther bedenkt auch die für die Frau nicht ungefährliche Situation der Geburt eines Kindes. Gerade der Tod im Kindbett war zu seiner Zeit für Frauen eine häufige Todesursache. Drohe einer Frau bei der Geburt der Tod, dann solle sie sich nach den Worten des Reformators daran trösten, dass sie durch das Gebären Gottes Willen erfülle. Als Frau sei sie ja geschaffen, Kinder zur Welt zu bringen. Mag Luther zu seiner Zeit damit auch eine seelsorgerliche Aufgabe erfüllt haben, da eben viele Frauen bei Geburten starben, so klingen manche seiner Worte doch roh, wenn nicht sogar zynisch. So kann er schreiben: »Daher man auch siehet, wie schwach und ungesund die unfruchtbaren Weiber sind; die aber fruchtbar sind, sind gesünder, reiner und vergnügter. Auch wenn sie sich müde und zuletzt tot tragen, das schadet nicht. Lass sie nur sich zu Tode tragen; dazu sind sie da. Es ist besser, kurz und gesund als lange und ungesund zu leben.«

Da Frauen um die Gefahr für ihr Leben durch häufige Schwangerschaften wussten, ist aus weiblicher Sicht der Passus in Luthers Schrift noch einmal kritisch zu beleuchten, in dem es um die Weigerung der Frau geht, mit ihrem Ehemann zu schlafen. »Wie man gewiss findet so ein halsstarriges Weib, das einen Kopf aufsetzt; und sollte der Mann zehnmal in Unkeuschheit fallen, so fragt sie nicht danach.« In diesem Fall, so Luther, habe der Mann alles Recht zu sagen: »Willst du nicht, so will eine andere; will die Frau nicht, so komme die Magd.« Die Verhütung einer Schwangerschaft zum gesundheitlichen Wohl der Frau ist bei Luther nicht im Blick. Seine Argumentation folgt allein den Linien der fruchtbaren Vermehrung und der Vermeidung von Unkeuschheit durch die Ehe, aber auch der leiblichen Freude aneinander durch eine bewusst gelebte Sexualität.

1529 verfasst Luther ein »Traubüchlein für die einfältigen Pfarrherrn«. Er selber ist zu diesem Zeitpunkt seit vier Jahren mit Katharina von Bora verheiratet. Das Traubüchlein erscheint zunächst als Einzeldruck in Wittenberg, noch im gleichen Jahr aber wird es zusammen mit dem Taufbüchlein dem Anhang des Kleinen

Katechismus beigegeben. So hat es weite Verbreitung erlangt und große Wirkung entfaltet. Diesem Buch zufolge ist die Ehe für den Wittenberger Reformator eigentlich ein »weltlich Geschäft«, in dem kirchliche Würdenträger nichts zu ordnen und zu regieren haben. Käme aber ein Paar und erbitte den kirchlichen Segen, so solle dies nach der Ordnung geschehen, die Luther in seinem Traubüchlein formuliert. Da um die Einsegnung von Mönchen und Nonnen ein »gros Geprenge« getrieben werde, obwohl ihr Stand doch gänzlich von Menschen erdacht sei, müsse der Stand der Ehe, der doch von Gott eingesetzt sei, viel eher mit Segen und Gebet begleitet werden. »Denn obs wohl ein weltlicher Stand ist, so hat er dennoch Gotts Wort für sich und ist nicht von Menschen erdichtet oder gestiftet«. Die Schrift ist unterteilt in einen Abschnitt über die Trauung, die vor der Kirche stattfindet, und einen weiteren Abschnitt über die Traubelehrung in der Kirche. Neu formuliert gegenüber der katholischen Praxis ist vor allem die Traubelehrung, die sich in Stiftung, Ordnung und Segen der Ehe gliedert.

Die Stiftung der Ehe leitet Luther aus dem sogenannten zweiten Schöpfungsbericht ab, also aus 1. Mose 2,18.21–24. Hier wird erzählt, wie Gott aus der Rippe des Menschen die Frau schuf, der Mensch so zum Mann wurde und die Frau als » Bein von meinem Bein« und »Fleisch von meinem Fleisch« erkannte.

Die Ordnung der Ehe ist unterteilt in das Gebot über die Ehe und das Kreuz, das auf diesem Stand liegt. Für das Gebot der Ehe bezieht sich der Reformator auf Paulus und seine Aussagen im Epheserbrief (Epheser 5,22–29). Danach sollen die Männer ihre Frauen lieben wie ihren eigenen Leib. Die Frauen dagegen »seyen unterthan ihren Männern als dem HERRN, denn der Mann ist des Weibes Haupt gleich wie auch Christus das Haupt der Gemeinde … Aber wie nu die Gemeinde Christo ist unterthan also auch die Weiber ihren Männern in allen Dingen.« Diese Unterordnung der Frau unter den Mann dokumentiert Luther auch noch einmal in einer Textumstellung. Denn er setzt die Verse Epheser 5,25–29, in denen es um die Beziehung des Mannes zu seiner Frau geht, vor die Verse Epheser 5,22–24, in denen es um die Stellung der Frau geht. Dies mag als marginaler Eingriff gelten, unterstreicht doch aber noch einmal die übergeordnete Position des Mannes. Das Kreuz in der Ehe ist gemäß der Schöpfungsgeschichte (1. Mose 3,16–19) für die Frau das Kindergebären und für den Mann die

Arbeit. Damit hat Luther die geschlechtsspezifische Arbeitsteilung als Ordnung Gottes festgeschrieben, in der dem Mann mit der Arbeit die Produktion zugeschrieben wird und der Frau mit dem Gebären von Kindern die Re-Produktion.

Den Segen der Ehe beschreibt das Traubüchlein mit dem sogenannten ersten Schöpfungsbericht, demgemäß Frau und Mann gleichermaßen zum Ebenbild Gottes geschaffen sind. Abschließend zitiert Luther ein Wort aus den Sprüchen Salomos, in denen es im 18. Kapitel im Vers 22 heißt: »Wer ein Weib kriegt, der krieget ein gut Ding und wird Wohlgefallen vom HERRN schöpfen.«

Sieht das Trauformular Luthers bei den Traufragen noch eine identische Frage an Mann und Frau vor, so schreibt Johannes Calvin, der Genfer Reformator und einer der Gründerväter der Evangelisch-Reformierten Kirche, in seinem 1542 erschienenen Trauformular für den Mann und die Frau unterschiedliche Traufragen fest. Dieses Trauformular wurde dem Anhang der französisch-sprachigen Genfer Bibel beigegeben und fand in reformierten Gebieten große Verbreitung.

Luthers Trauformular sieht schlicht die Frage vor: »Hans, willst du Greta zum ehelichen Gemahl haben? Er soll antworten: Ja.« Analog dazu heißt es identisch für die Frau: »Greta, willst du Hans zum ehelichen Gemahl haben? Sie soll antworten: Ja.«

Dreizehn Jahre später heißt es beim Genfer Reformator Calvin in der Traufrage für den Mann:

N., bekennt ihr hier vor Gott und seiner heiligen Gemeinde, dass ihr genommen habt und nehmt zu eurer Frau und Braut die hier anwesende N., und versprecht ihr, sie zu bewahren, indem ihr sie liebt und sie treulich haltet, so wie es die Pflicht eines rechten und treuen Ehemannes gegenüber seiner Frau ist, heilig mit ihr lebt, ihr Treue und Gerechtigkeit in allen Dingen bewahrt, nach dem heiligen Wort Gottes und seinem heiligen Evangelium? Antwort: Ja.

Für die Frau dagegen heißt es:

N., bekennt ihr hier vor Gott und seiner heiligen Versammlung, dass ihr genommen habt und nehmt N. als euren legitimen Ehemann, versprecht ihr, ihm zu gehorchen, ihm zu dienen und ihm untertan zu sein, indem ihr heilig lebt, ihm Treue und Gerechtigkeit in allen Dingen bewahrt, so wie es eine treue und gerechte Braut ihrem Ehemann tun soll, nach dem Wort Gottes und seinem heiligen Evangelium? Antwort: Ja.

Wird der Ehemann hier zu Liebe und Treue verpflichtet, verspricht die Ehefrau vor dem Altar Gehorsam, Dienst und ein untertäniges Leben gegenüber ihrem Mann. Soll er mit ihr heilig leben, also in Monogamie, so soll sie insgesamt »heilig leben«. Hintergrund dürfte hier wohl die theologische Meinung sein, dass mit der Frau die Sünde in die Welt gekommen sei, da Eva laut Paradiesgeschichte als Erste vom Baum der Erkenntnis aß, bevor sie Adam von der Frucht gab (1. Mose 3,1–24). Daher muss ihr ganzes Leben heilig sein, während es beim Mann anscheinend genügt, wenn er mit seiner Frau heilig lebt. Die Unterwerfung der Frau unter ihren Ehemann wird im Trauformular Calvins an anderer Stelle noch einmal ausdrücklich ausformuliert, wenn es heißt: »Und so soll die Frau ihrem Ehemann dienen und ihm gehorchen (Kolosser 3,18) in aller Heiligkeit und Ehrbarkeit. Denn sie ist unterworfen (1. Timotheus 2,12; 1. Petrus 3,1) und unter der Macht des Ehemannes in allem, was sie mit ihm lebt.«

Mutige Autorinnen wie Argula von Grumbach, Ursula Weyda oder Katharina Zell hatten gerade gegen diese biblischen Aussagen mit der Bibel selber argumentiert, indem sie diesen für Frauen repressiven Worten andere biblische Traditionen entgegenstellten, wie z. B. die Sätze aus der Joel-Prophezeiung, die im Neuen Testament am Beginn der Apostelgeschichte noch einmal ausdrücklich aufgenommen werden. »Und es soll geschehen in den letzten Tagen, spricht Gott, da will ich ausgießen von meinem Geist auf alles Fleisch; und eure Söhne und eure Töchter sollen weissagen, und eure Jünglinge sollen Gesichte sehen, und eure Alten sollen Träume haben; und auf meine Knechte und auf meine Mägde will ich in jenen Tagen von meinem Geist ausgießen, und sie sollen weissagen« (Joel 3,1–2; Apostelgeschichte 2,17–18).

Kehren wir zurück zu Martin Luther und seiner Genesisvorlesung von 1535 bis 1545, so finden wir hier noch einmal einen Gedanken, den der Wittenberger Theologieprofessor bereits in seinem Buch »Vom ehelichen Leben« dargelegt hatte. Auch in seiner Vorlesung betont Luther wiederum, dass die Frau ebenfalls als Geschöpf Gottes anerkannt werden muss und es deshalb »heidnisch« sei, sie nicht in ihrer Würde zu ehren. Hier setzt er sich mit den Äußerungen des antiken Philosophen Aristoteles auseinander. Dessen Meinung war: Frauen sind nichts anderes als unvollständige Männer. Ein kurzes Zitat mag als Illustration reichen: »Ein

Weibchen ist wie ein verkrüppeltes Männchen, und der Monats-
fluss ist Same, nur nicht reiner Same. Denn nur eines fehlt ihm, die
Lebensquelle ... denn diese Lebensquelle bringt erst der männliche
Same mit.« Laut Aristoteles ist die Frau nur der »Acker«, in den der
Mann seinen Samen hineinlegt, in dem bereits der gesamte künftige Mensch in nuce vorgeformt ist. Mit dieser Auffassung der Frau
als unvollständigem Mann und daher mit ihm in keiner Weise
gleichzusetzen, die einen Großteil der mittelalterlichen Frömmigkeit und Theologie im Blick auf die Frau beherrscht hatte, brach
Luther und setzte dem die Gleichwertigkeit von Frau und Mann
entgegen. »Daher hat sich auch gefunden, dass man das weibliche
Geschlecht mit Schmähungen und Lästerworten angegriffen hat,
welches sonderlich der gottlose uneheliche Stand der Priester viel
getrieben hat.« Dagegen setzt Luther: Die Frau hat wie der Mann
Hoffnung auf das ewige Leben und ist mit ihm zusammen Mit-
erbin der Gnade Gottes. Der Mann bedarf der Frau, um Nachkommen zu zeugen und seine Sexualität verantwortlich zu leben.
Luther kann die Frau als »Nest« und »Haus« bezeichnen. »Darum
sollen wir dem Gebote Gottes gehorsam sein, und unsere Weiber
erkennen als Gottes Gebäude, ..., dass auch die Männer durch sie
erbaut werden, welchen die Weiber gleich wie ein Nest Wohnung
sind, dazu sie sich halten und mit Lust wohnen.«
    Diese Linie der weiblichen Wertschätzung ist jedoch bei ihm
gebrochen durch eine höhere Bewertung des Mannes. Dieses deutliche Hierarchie-Gefälle, demnach der Mann eindeutig über der
Frau steht, ist in Luthers Augen schon vor dem Sündenfall offensichtlich. Denn bereits Eva habe einen »schwächeren Sinn und
Verstand« als Adam gehabt.

Und wiewohl Eva eine vortreffliche Creatur und Adam gleich gewesen
ist, was da belanget das Bild Gottes, das ist, die Gerechtigkeit, Weisheit
und Seligkeit: so ist sie dennoch ein Weib gewesen. Denn gleichwie die
Sonne ein herrlicher und edler Geschöpf ist, denn der Mond (wiewohl
der Mond auch sehr trefflich und herrlich ist): so war das Weib an der
Ehre und Würde dem Mann auch nicht gleich, ob es gleich ein sehr schönes Werk Gottes war.

Darum ist Gott, Luthers Meinung nach, auch vornehmlich in
Adam zu erkennen. Luthers Logik zufolge wäre hier zu sagen: Alle
sind gleich, aber manche sind gleicher.

Weil die Frau das schwächere Geschlecht ist, hat der Teufel in Form der Schlange sie angegriffen und seine Verführung war erfolgreich, während das gleiche Ansinnen beim Manne hätte scheitern müssen. »Darnach wird diese Listigkeit auch an dem gemerkt, dass der Satan die menschliche Natur allda angreift, da sie am schwächsten ist, nämlich die weibliche Person, Eva, und nicht den Mann, Adam. … Denn gleichwie sonst in der ganzen Natur die männliche Kraft die weibliche übertrifft: so ist auch in der vollkommenen Natur der Mann etwas über dem Weibe gewesen… Und ich glaube auch, dass der Teufel Adam erstlich hätte versucht und angegriffen, würde Adam gewonnen haben.«

Waren Mann und Frau, laut Luther, schon vor dem Sündenfall in ihrer Würde unterschieden, so hatte die Frau zumindest die gleiche Machtstellung wie der Mann und war ihm gegenüber frei. Nach dem Sündenfall wird sie als Strafe für ihre Sünde der Macht des Mannes unterworfen und ihr Einflussbereich bezieht sich jetzt ausschließlich auf das Haus, während außerhäusliche Herrschaft und Regierung allein dem Mann zusteht.

Schon in Luthers Schriften ist also eine gewisse Ambivalenz in seinen Äußerungen zu Frauen festzustellen. Diese Widersprüchlichkeit tritt in den Tischreden noch stärker hervor. Neben Lob und Achtung für Frauen finden sich ebenso frauenfeindliche Aussprüche des Wittenberger Theologieprofessors, die seine eigenen Worte Lügen strafen, dass man über Frauen nicht schlecht reden solle, da sie Geschöpfe Gottes seien. Diese starke Diskrepanz in der Bewertung von Frauen mag in der besonderen Situation bei Tisch begründet sein, da er sich hier in geselliger Runde bei Bier und gutem Essen wohl eher spontan äußerte und seine Worte an manchen Stellen nicht allzu kritisch wählte.

So kann Luther einerseits die Frau loben als Quelle allen Lebens und sie den »höchsten Schatz« nennen, denn sie sei ein Geschenk Gottes und ihre Liebe für den Mann das Schönste auf Erden. Er gesteht den Frauen sogar zu, dass sie in Glaubensdingen eifriger seien als Männer und fester glaubten. »Magdalena war hertzenhafftiger denn Petrus«, lautet z. B. eines seiner Urteile über die beiden wichtigen Gefährten Jesu, Maria Magdalena und Simon Petrus.

Andererseits zieht Luther auch in seinen Tischreden eindeutige Grenzen für Frauen. So soll die Frau im Haushalt regieren und über Angelegenheiten, die den häuslichen Bereich betreffen, vermag sie auch mit Verstand zu reden. Alles, was jedoch über den Haushalt hinausgehe, sei nicht ihr Bereich, sondern das Terrain des Mannes, da die Frau auf diesem Gebiet nur unordentlich und kindisch rede.

Überhaupt stehe es einer Frau nicht an, klug zu reden, denn »es ist kein Rock, der einer Frauen oder Jungfrauen so übel ansteht, denn wenn sie klug will sein.« Der vermeintlich geringere Verstand der Frau und ihre Aufgabe, ausschließlich im Haus zu wirken, ist seiner Meinung nach auch schon am Körperbau abzulesen. Männer hätten eine breite Brust, was von großem Verstand zeuge, Frauen dagegen eine enge Brust, was gemäß seiner Logik auf wenig Verstand hinweise. Demgegenüber hätten Frauen breite Hüften, weshalb sie dafür prädestiniert seien, zu Hause zu sitzen und Kinder aufzuziehen. Die breiten Hüften zeugten darüber hinaus auch davon, dass aus Frauen mehr Unflat hervorgehe als aus Männern, die ja enge Hüften hätten. Bei dieser Sicht der Frau nimmt es nicht Wunder, dass in den Augen des Wittenberger Reformators eine Frau nicht regieren könne. Wo Frauen regiert hätten, so sein Argument, sei es selten gut ausgegangen. Dies sei schon beim Sündenfall zu erkennen, denn als Adam allein regiert habe, wäre alles gut gewesen, mit der Frau dagegen sei das Übel gekommen, da sie habe mitregieren wollen. Daher, so seine Schlussfolgerung: Die Frau ist ausgeschlossen von der Leitung im politischen Regiment und in der Kirche, ihr kommt die Leitung allein im dritten Stand, dem Hausstand, zu.

In seinem Briefwechsel wiederum begegnen wir einem Luther, der oftmals anders handelte, als er dachte. Denn wir finden in seiner erhaltenen Korrespondenz mit Frauen nicht selten ein dokumentiertes Verhalten, das von den bislang skizzierten Äußerungen und Argumenten deutlich abweicht. So findet sich z. B. in den Briefen an seine eigene Frau Katharina von Bora nichts, was die ihr zukommende Würde und Achtung schmälert. Im Gegenteil. Er betraut sie mit wichtigen Aufgaben. Die erhaltenen, insgesamt 21 Briefe, die Luther seiner Ehefrau schrieb, geben einen Einblick in ihr Verhältnis. Leider ist keiner von Katharina von Boras Briefen an ihren Mann erhalten geblieben. In der Korrespondenz Luthers an seine Frau geht es neben familiären Angelegenheiten auch um kirchenpolitische Ereignisse. So berichtet Luther vom Marburger Religionsgespräch 1529 mit Zwingli, Oekolampad und Bucer und informiert sie über lateinisch verfasste, unterschiedliche theologische Stellungnahmen. Von der Feste Koburg schreibt er ihr, sie solle sich Briefe Bugenhagens vorlesen lassen.

War Luther nicht in Wittenberg, dann hatte Katharina von Bora unterschiedliche Funktionen wahrzunehmen. Sie vermittelte zwischen ihm und den in der Stadt gebliebenen Kollegen die neuesten Nachrichten, verhandelte mit seinen Druckern und beaufsichtigte den Umbau des Schwarzen Klosters, in dem Luther mit seiner Familie lebte.

Luther fand für seine Frau viele Bezeichnungen, angefangen von »Herrn Katharina« über »Frauen auf dem Saumarkt«, in Anspielung auf ihren Grundbesitz, und »Richterin« bis hin zu »tiefgelehrter Frau«. In seinen Briefen an Katharina ist keine der Adressen identisch mit einer anderen. Katharina von Bora wirtschaftete selbständig und erwarb eigene Besitzungen. Mit dem Verkauf von selbstgebrautem Bier machte sie manchen Gewinn und trug damit zum Lebensunterhalt der Familie bei. Luther erbat ihren Rat sogar bei der Auswahl eines rechten Kandidaten für das Predigtamt. »Da magstu auch als eine kluge Frau und Doctorin … helfen und raten, welcher unter den Dreyen sich wolle bereden lassen«, schrieb er ihr.

In seinen veröffentlichten Schriften verwies Luther Frauen auf ihr Dasein als Ehefrau und Mutter. Allein auf dem Gebiet der Haushaltung seien sie kompetent, außerhäusliche Bereiche sollten sie dem Mann und seiner Herrschaft überlassen. In seiner privaten Korrespondenz zeigt sich dagegen ein sehr viel differenzierteres Bild. So findet sich in keinem der erhaltenen Schriftstücke über den Briefwechsel mit Argula von Grumbach ein Wort des Tadels über deren Verhalten. Er kannte die Veröffentlichungen dieser Frau, die mit ihren Flugschriften Neuland für ihre Geschlechtsgenossinnen betrat und nicht daran dachte, sich auf Haushalt und Kindererziehung zu beschränken. Aktiv griff sie in die Auseinandersetzungen der frühen Reformationszeit ein, forderte eine ganze männliche Universität zum Disput heraus und kämpfte mit spitzer Feder für ihre durch eigenes Bibelstudium gewonnenen Erkenntnisse. Luther erkannte dies durch seine Äußerungen über sie auch sehr wohl an, denn er nannte sie eine »Jüngerin Christi« und ein »besonderes Werkzeug Christi«. Katharina Zell in Straßburg bat er brieflich, nachdem es 1530 auf dem Augsburger Reichstag zu einer Annäherung der unterschiedlichen reformatorischen Lehrmeinungen gekommen war, sie solle doch eine heikle kirchenpolitische Aufgabe übernehmen und dabei helfen, die Einigung der Wittenberger und Straßburger Theologen dauerhaft zu festigen.

Sehr widersprüchlich ist auch Luthers Verhalten in Bezug auf regierende Frauen. Obwohl er sie – laut Aussagen in den Tischreden – nicht für fähig hält zu regieren, fordert er doch regierende Frauen dazu auf in ihren Herrschaftsgebieten sich der Reformation anzunehmen. So bittet er Katharina von Sachsen um die regierungsamtliche Weiterführung der Visitation in ihrem Land, da ihr Mann »alt und schwach« sei. Maria von Ungarn, der Luther vier Psalmen mit Auslegung sandte, schrieb er: »E. K.M sollte frisch und fröhlich anhalten, das heilige Gotts Wort in Ungarnland zu fordern.«

So sind Luthers Äußerungen zu Frauen widersprüchlich und von einer starken Ambivalenz geprägt. Es finden sich zum einen Gedanken, die die Gleichwertigkeit der Frau gegenüber dem Mann hervorheben, da beide Gottes Geschöpfe und sein Ebenbild sind. Mann und Frau werden in seiner Schrift »Vom ehelichen Leben« die gleichen Rechte und Pflichten zugestanden. Die Ehe ist für Luther eine Stiftung Gottes. Damit erfährt sie und mit ihr die verheiratete Frau eine ganz neue Wertschätzung, denn in der mittelalterlichen Kirche überwogen die ehefeindlichen Auffassungen.

Da die Kindererziehung für Luther »auf Erden das aller edelste, teuerste Werk« ist, wird die Frau, als deren Aufgabe es der Reformator ansah, Kinder zu bekommen und großzuziehen, in so hohem Maße gewürdigt, dass er sie sogar Apostel und Bischof nennen kann. Zudem hat sich Luther von Anfang an auch für die Bildung von Mädchen eingesetzt, wie er bereits 1524 in seiner Schrift »An die Ratsherren aller Städte deutschen Landes, dass sie christliche Schulen aufrichten und halten sollen« deutlich machte.

Diesen positiven Ansätzen Luthers zu einer Würdigung von Frauen stehen jedoch zum anderen Äußerungen des Wittenbergers gegenüber, die deutlich machen, dass er den Gedanken der Gleichwertigkeit der Geschlechter vor Gott nicht konsequent durchgehalten hat. So ist der Mann »gottgleicher« als die Frau und mit dem von ihm gebrauchten Bild von Sonne und Mond für Mann und Frau formuliert Luther Gedanken, die exegetisch nicht zu halten sind, da sie keinerlei Anhalt am biblischen Text haben. Vielmehr scheinen seine eigenen Vorurteile und die gängige Meinung seiner Zeitgenossen über Frauen und deren Inferiorität über sein von ihm so hoch gehaltenes Prinzip »sola scriptura« die Oberhand gewonnen zu haben.

Hatte Luther in seiner frühen Reformationsschrift »An den christlichen Adel deutscher Nation von des christlichen Standes Besserung« aus dem Jahr 1520 zwar für das Priestertum aller Gläubigen wortgewaltig plädiert, so hat er die in dieser Schrift grundsätzlich angelegte Linie eines Priestertums auch für Frauen nicht weiter verfolgt. Er argumentiert in dieser Schrift: Da alle Christen gleichermaßen getauft sind, können sich auch alle rühmen Priester zu sein. »Alle Christen sind wahrhaftig geistlichen Standes, und es ist zwischen ihnen kein Unterschied als allein des Amts halber«, schreibt er und folgert daraus: »Demnach also werden wir allesamt durch die Taufe zu Priestern geweiht.« Noch pointierter kann er sogar formulieren: »Denn was aus der Taufe gekrochen ist, das kann sich rühmen, dass es schon zum Priester, Bischof und Papst geweiht sei, obwohl es nicht jedem ziemt, solches Amt auszuüben.«

Alle Christen sind also nach Luthers Auffassung gleichberechtigt in der Wahrnehmung ihres geistlichen Standes. Sie sollen Verantwortung für die Kirche übernehmen, selber in der Heiligen Schrift lesen und sie auslegen. Auch sollen sie dabei helfen, die offenkundigen gesellschaftlichen Missstände zu beseitigen. Mit dieser ersten großen reformatorischen Schrift wirkte Luther am stärksten in die Öffentlichkeit hinein, und es ist kein Wunder, dass sich unter den Vielen, die nun für die Reformation öffentlich ihre Stimme erhoben, auch etliche Frauen finden. Denn sie fühlten sich von Luthers Postulat des Priestertums der Gläubigen dazu ermutigt, als Laien und als Frauen ihre theologischen Erkenntnisse öffentlich zu machen.

Auswirkungen der Reformation auf Leben und Stellung der Frau

Die Haltung der mittelalterlichen Kirche Frauen gegenüber war von einem deutlichen Dualismus geprägt. Auf der einen Seite gab es die jungfräulich lebende Nonne, deren Stand als höchster und vollkommenster galt. Auf der anderen Seite stand die Ehefrau, welche gleichsam ein Wesen zweiter Ordnung war. So bildeten verheiratete Frauen in einer mittelalterlichen Prozession die letzte Gruppe. Mit einem Tabu waren menstruierende, schwangere und stillende Frauen belegt, da sie in dieser Zeit vom Kirchenbesuch und der Teilnahme an der Kommunion ausgeschlossen waren. Nach der Geburt eines Mädchens wurde die Mutter zudem mit einem doppelt so langen Ausschluss vom Besuch der Kirche belegt wie bei der eines Jungen.

Hier markiert die Reformation eine deutliche Zäsur. Denn Luther und seine Mitstreiter wurden nicht müde zu betonen, dass die Ehe eine von Gott gestiftete Institution sei, während dagegen Mönche und Nonnen in einem von Menschen erdachten Status lebten. So erfuhr die Ehefrau eine ganz neuartige Achtung und Schätzung. Um ihre in der Heiligen Schrift neu gewonnenen Erkenntnisse auch durch den eigenen Lebenswandel deutlich zu machen, heirateten die Reformatoren und werteten damit die Ehe und die in ihr lebenden Frauen deutlich auf. Die Liste der verheirateten Reformatoren reicht dabei von Luther über Zwingli und Calvin bis zu Oekolampad, Zell, Bucer und Capito. Die meisten von ihnen waren früher Mönche gewesen und heirateten nicht selten eine ehemalige Nonne. Diese Frauen hatten für sich das gänzlich neue Rollenbild der »Pfarrfrau« zu prägen und mit Leben zu erfüllen.

Auch die Sexualität in der Ehe verlor den Ruch des Sündhaften, lautete doch Luthers These, dass Mann und Frau in der Ehe an ihren Körpern Freude haben sollten und die Sexualität daher in der Ehe keine Sünde sei. »Will man die Keuschheit der Ehe bewahren, so sollen Mann und Weib vor allem liebend und einmütig beieinander wohnen, so dass sie einander von Herzen und wahrhaft redlich lieben«, so seine Meinung. Mit dieser besonderen Betonung der gegenseitigen Liebe, der Zuneigung und Achtung bekommt auch die Familie eine neue Wertung. Frau und Mann sollen nicht allein um der Fortpflanzung willen eine Ehe schließen, sondern weil sie in Liebe einander zugetan sind.

Die Frau als Ehefrau und Mutter war das neue reformatorische Ideal und so bemühten sich auch die Reformatoren selbst um ein beispielhaftes Familienleben. Kindererziehung und Hausarbeit waren dabei die Bereiche, in denen die Frau wirken sollte. Die Aufwertung der Ehe, ja, das neue Ideal der Eheschließung bedeutete auch eine ganz neue soziale Stellung für die sogenannten »Priestermetzen«. Dies waren Frauen, die illegitim, also unverheiratet und ohne kirchlichen Segen, mit einem Priester zusammenlebten und deren Anzahl beträchtlich war. So stammte z. B. der führendste Humanist seiner Zeit und weltgewandte Gelehrte Erasmus von Rotterdam aus solch einer Verbindung, war sein Vater doch Priester und seine Mutter die Tochter eines Arztes gewesen. Seit dem 11. Jahrhundert hatte die katholische Kirche ihren Priestern die Ehelosigkeit, das Zölibat, auferlegt. Sie duldete aber mehr oder weniger offen das Priesterkonkubinat. Für ihre unerlaubten Beziehungen zu Frauen mussten Geistliche vielerorts an ihre hierarisch Vorgesetzten eine vereinbarte finanzielle Entschädigung zahlen, von der Reformation als »Hurenzins« angeprangert. Durch die von den Reformatoren propagierte Priesterehe erlangten die bisher sozial niedrig stehenden »Priestermetzen« und ihre Kinder einen ganz neuen sozialen Status, denn ihre Beziehungen wurden nun legalisiert und die Ehe auch für Geistliche zum evangelischen Lebensmodell.

Dieses Ideal der verheirateten Frau hatte aber auch seine Schattenseiten. Denn neben dem neu aufgewerteten Rollenmodell der Ehefrau und Mutter hatte die Reformation für Frauen nicht viel zu bieten, schon gar nicht für unverheiratete Frauen. Dabei bestand auch am Beginn der Neuzeit nach wie vor das Problem eines Frauenüberhangs, so dass es in den Städten mindestens 10 Prozent mehr Frauen als Männer gab.

Waren die Klöster für unverheiratete Frauen eine Alternative gewesen, in der sie in einer weiblichen Gemeinschaft religiösen

Halt, Bildung und Sicherheit fanden, so fiel in den reformierten Gebieten mit der Schließung der Klöster diese Möglichkeit weg, ohne dass in nennenswerter Form etwas Adäquates für Frauen geschaffen wurde. Auch ein geistliches Leitungsamt für Frauen, wie es beispielsweise die Äbtissin eines Klosters innehatte, gab es auf evangelischer Seite nicht mehr. Über weibliche Diakone wurde zwar im Laufe der Straßburger Reformation diskutiert, aber verwirklicht wurde die Idee nicht. Die Reformation hat für Frauen keine Ämter in der Kirche geschaffen, und es sollte Jahrhunderte dauern, bis sich dieses änderte.

Durch die Fixierung der Frau auf den familiären Bereich wurde der Wirkungskreis von Frauen eingeschränkt, denn zumindest in den Städten des Hochmittelalters sind Frauen in der Stellung selbständiger Zunftmitglieder nachzuweisen. So fand nach der Einführung der Reformation das Modell der selbständigen weiblichen Existenz, einer Handwerkerswitwe beispielsweise, keine Akzeptanz mehr, vielmehr sollten Frauen sich schnell wieder verheiraten. Nach der Eheauffassung der Reformatoren hieß dies: Sich wieder einem Mann unterordnen.

Dabei gab es im reformatorischen Gedankengut prinzipiell viele Motive, die zu einer größeren Emanzipation der Frauen hätten führen können. Einer der zentralen reformatorischen Überzeugungen, das »Priestertum aller Gläubigen«, bot das Potential auch für ein Priestertum von Frauen. Luther wollte eine Predigttätigkeit von Frauen aber nur im äußersten Notfall anerkennen, wie z.B. eine Predigttätigkeit in einem Nonnenkloster. Mit der Taufe verhielt es sich ähnlich. In den Kirchenordnungen, die Johannes Bugenhagen verfasste, findet sich die Nottaufe, beispielsweise durch Hebammen.

Es mag auch praktische Erwägungen gegeben haben, das Priestertum von Frauen gar nicht erst in Betracht zu ziehen. Die vielen Mönche, die zu Beginn der Reformation ihre Klöster verließen, hatten es schon schwer genug eine geeignete Anstellung als Pastor zu finden. Innerhalb weniger Jahre war auf einmal ein beträchtlicher Überschuss an Geistlichen entstanden. Da war es gesellschaftlich gesehen einfacher, die ehemaligen Nonnen zu einer Eheschließung zu motivieren. Es mag auch sein, dass ein weibliches Priesteramt bei der allgemeinen Geringschätzung von Frauen für manche Reformatoren zu viel Sprengkraft in sich barg und die

Furcht bestand, solch eine Neuerung würde der evangelischen Sache insgesamt mehr schaden als nutzen. Jedenfalls wurde dieser Gleichheitsgedanke in Bezug auf ein geistliches Amt für Frauen von den Reformatoren nicht weiter aufgenommen.

Auch einer der weiteren Grundsätze der Reformation, das Schriftprinzip, bot Emanzipationsmöglichkeiten für Frauen. Denn jede Christin, jeder Christ sollte selber in der Bibel lesen und sich ein Urteil bilden. Damit dies nicht erst nach einem langwierigen Studium des Hebräischen, Griechischen oder Lateinischen möglich war, übersetzte Luther bekanntlich die Bibel in die deutsche Sprache. Damit war ein Medium geschaffen für eine breite theologische Diskussion auch unter Laien. Gerade zu Beginn der Reformation ließen sich von diesem Schriftprinzip nicht wenige Frauen dazu ermutigen, ihre theologischen Erkenntnisse selbstbewusst und wortgewandt in die Auseinandersetzungen ihrer Zeit einzubringen. Die Flugschriften einer Argula von Grumbach, die Streitschrift einer Ursula Weyda, aber auch die theologischen Schriften einer Katharina Zell waren nun möglich geworden.

So ist festzuhalten: In den theologischen Grundsätzen der Reformation lag von Beginn an auch das Potential einer wirklichen Emanzipation und Partizipation von Frauen innerhalb der evangelischen Kirche. Nach den Aufbrüchen der frühen Reformationszeit folgten aber Jahrhunderte der Stagnation. Erst durch die Frauenbewegung des 20. Jahrhunderts, zu der auch Frauen in der Kirche ihren Beitrag leisteten, verwirklichte die evangelische Kirche in Deutschland diese Möglichkeiten einer gleichberechtigten Teilhabe von Frauen und Männern am Leben und Wirken der Kirche.

Zeittafel

10.11.1483   Martin Luther in Eisleben geboren

zw. 1491 u. 1495   Ursula von Münsterberg als Enkelin des böhmischen Königs Georg Podiebrad geboren

1492   Argula von Grumbach auf der Burg Ehrenfels in Franken als Argula von Stauff geboren

um 1497   Katharina Zell in Straßburg als Katharina Schütz geboren

um 1500   Elisabeth Cruciger im Grenzgebiet zwischen Pommern und Polen als Elisabeth von Meseritz geboren

1501   Martin Luther beginnt sein Studium an der Universität Erfurt

1502   Eintritt Martin Luthers in das Augustiner-Eremiten-Kloster in Erfurt

um 1504   Ursula Weyda in Altenburg als Ursula von Zschöpperitz geboren

1504   Wibrandis Rosenblatt in Säckingen geboren

1510/11   Reise Luthers nach Rom

24.8.1510   Elisabeth von Calenberg-Göttingen in Cölln als Elisabeth von Brandenburg geboren

1511   Beginn der Vorlesungen Luthers an der Universität in Wittenberg

1514   Luther wird Prediger an der Stadtkirche in Wittenberg

1517   Martin Luther veröffentlicht in Wittenberg seine 95 Thesen; Ablassstreit; Anzeige in Rom

1518   Einleitung des Ketzerprozesses gegen Luther; Verhör in Augsburg und Entlassung Luthers aus der Gehorsamspflicht des Augustinerordens; Berufung Philipp Melanchthons an die Universität Wittenberg

1519	Ulrich Zwingli Pfarrer am Großmünster in Zürich; Tod Kaiser Maximilians I. und Wahl Karls V. zum neuen Kaiser des Heiligen Römischen Reiches Deutscher Nation
1520	Luther schreibt seine reformatorischen Hauptschriften; Bannandrohungsbulle und Verbrennungen von Luthers Schriften; Verbrennung der Bulle und des kanonischen Rechts durch Luther
1521	Verhängung des Bannes über Luther; Vorladung vor den Reichstag zu Worms; Wormser Edikt: Verhängung der Reichsacht gegen Luther und Verbot seiner Lehre und Schriften
1521/22	Luther hält sich auf der Wartburg auf und übersetzt das Neue Testament, Unruhen in Wittenberg
1522	Rückkehr Luthers von der Wartburg
1523	Einführung der Reformation in Zürich; Verbrennung der ersten evangelischen Märtyrer in Brüssel
1523/24	Veröffentlichung von insgesamt sieben Flugschriften Argula von Grumbachs, darunter u. a. ihr Sendbrief an die Universität in Ingolstadt
1524	Katharina Zell veröffentlicht ihre »Entschuldigung für Matthäus Zell« sowie einen Trostbrief an die Frauen in Kenzingen
1524	Ursula Weyda veröffentlicht ihre Streitschrift gegen eine katholischen Abt
1524	Beginn der Auseinandersetzungen mit den Schwärmern
1524	Elisabeth Cruciger schreibt ihr Kirchenlied: »Herr Christ, der einig Gotts Sohn«
1524/25	Bauernkrieg; Tod Thomas Müntzers; Hochzeit des ehemaligen Mönchs Martin Luther mit der ehemaligen Nonne Katharina von Bora
1526	1. Reichstag zu Speyer mit Aussetzung des Wormser Edikts: Reichsstände verantworten vor Gott und Kaiser die Religionszugehörigkeit
1526	Olympia Fulvia Morata in der italienischen Stadt Ferrara geboren
1528	Ursula von Münsterbergs Rechtfertigung zum Verlassen ihres Klosters erscheint mit einem Nachwort von Martin Luther

1529	2. Reichstag zu Speyer: Protest der evangelischen Minderheit (»Protestanten«) gegen die Absicht Kaiser Karls V., das Wormser Edikt wieder einzusetzen, wodurch die evangelische Seite durch Mehrheitsbeschluss zur katholischen Konfession hätte zurückkehren müssen; Marburger Religionsgespräche: Auf Einladung Philipp von Hessens treffen sich u. a. Martin Luther, Philipp Melanchthon, Ulrich Zwingli, Martin Bucer und Johannes Oekolampad
1530	Reichstag zu Augsburg; Die lutherische Seite hält im Augsburger Bekenntnis (»Confessio Augustana«) gegenüber Kaiser Karl V. ihre grundlegenden Überzeugungen fest, die einen Teil der lutherischen Bekenntnisschriften bilden; Luther auf der Feste Coburg
1531	Tod Ulrich Zwinglis und Johannes Oekolampads
1534/35	Reich der Wiedertäufer in Münster
1534	Katharina Zell gibt ein Liederbuch heraus
2.5.1535	Elisabeth Cruciger in Wittenberg gestorben
1541	Einführung der Reformation in Genf durch Johannes Calvin; Tod von Wolfgang Capito in Straßburg
1542	Elisabeth von Calenberg-Göttingen führt in ihrem Gebiet die Reformation ein und erlässt eine Kirchenordnung, für die sie selber ein Vorwort schreibt
1545	Elisabeth von Calenberg-Göttingen verfasst zu dessen Regierungsantritt ein Buch für ihren Sohn Erich II.
1546	18. Februar: Tod Luthers in Eisleben; Beginn des Schmalkaldischen Krieges: Kaiser Karl V. kämpft gegen den Schmalkaldischen Bund, ein Bündnis protestantischer Landesfürsten und Städte, um die Anerkennung des Protestantismus zu verhindern
1547	Niederlage der Protestanten gegen Kaiser Karl V. im Schmalkaldischen Krieg
1548	Reichstag in Augsburg mit Annahme des Augsburger Interims: Bis auf das Zugeständnis des Laienkelchs und der Priesterehe an die Protestanten Wiedereinführung der katholischen Auffassung in Lehre und Brauch
1550	Elisabeth von Calenberg-Göttingen verfasst für ihre Tochter Anna Maria ein Ehestandsbuch
1550	Olympia Fulvia Morata reist von Italien nach Deutschland

1551	Tod von Martin Bucer in Cambridge
1552	Fürstenverschwörung gegen den Kaiser und Sieg über Karl V.; im Passauer Vertrag wird den Protestanten ein Stillstand gewährt
1553	Schlacht von Sievershausen
1554	Argula von Grumbach auf Schloss Zeilitzheim bei Schweinfurt gestorben
1555	Augsburger Religionsfrieden: besiegelt die konfessionelle Spaltung des Deutschen Reiches
26.10.1555	Olympia Fulvia Morata in Heidelberg gestorben
1556	Kaiser Karl V. dankt ab
1557	Katharina Zell veröffentlicht ihren Briefwechsel mit Ludwig Rabus
25.5.1558	Elisabeth von Calenberg-Göttingen in Ilmenau gestorben
1558	Katharina Zell veröffentlicht eine Auslegung des Vater unsers sowie des 51. Psalms
1558	Die Werke und Briefe Olympia Fulvia Moratas erscheinen in Basel
5.9.1562	Katharina Zell in Straßburg gestorben
1.11.1564	Wibrandis Rosenblatt in Basel gestorben
um 1570	Ursula Weyda in Altenburg gestorben

Quellen- und Literaturverzeichnis

Quellen

Die *Bekenntnisschriften* der evangelisch-lutherischen Kirche, Göttingen
⁹1982.

Elisabeth von Braunschweig-Lüneburg: Der Durchleuchtigen/Hochgebornen Fürstin un Frawen/Frawen Elizabeth geborne Marckgräffin zu Brandenburg etc. Hertzogin zu Braunßweig und Leunenberg beschlossen und verwilligtes Mandat/in jrem fürstenthumb gottes wort auffzurichten/und irrige/verfürte leer außzurotten/belanget, 1542.

Elisabeth von Braunschweig-Lüneburg: Unterrichtung und ordnung, unser, von gots gnaden, Elisabeth, geborne marggrefin zu Brandenburg etc., hertzogin zu Braunschweick und Lüneburck etc., witwe, so wir aus gantz mutterlicher wolmeinung und getreuem hertzen dem hochgebornen fursten, herrn Erich, hertzogen zu Braunschweick und Luneburg, unserm freuntlichen, hertzlieben son, zu kunftiger und angehender regierung, in seinem regiment, wie er sich in dasselbige gegen got seliglich und in weltlichen regiment gegen jdermeniglich richten und schicken sol, zu freuntlicher/und nutzlicher underrichtung und gefallen gestalt haben, 1545.

Elisabeth von Braunschweig-Lüneburg: Ein freuntlicher und mutterlicher underricht, unser von gottes gnaden Elisabet, geporne marggrefin zu Brandenburg, grefin und frauen zu Hennenberg, so wir aus gantz mutterlicher liebe und wohl meinendem hertzen der hochgebornen furstin und frauen Anna Maria, geporne hertzogin zu Braunschweick und Lunenburg, marggrefin zu Brandenburg, in Preussen/hertzogin etc. unser hertzgelibten tochter, zu irem angefangenen ehestande zu ehren und besten gestalt haben, 1550.

Argula von Grumbach: Ain Christenliche schrifft ainer Erbarn frawen/ vom Adeln darin sy alle Christliche stendt und obrikayten ermant/Bey der warhait/un dem wort Gottes zu bleyben/und solchs auß Christlicher pflicht zu ernstlichsten zu handthaben, 1523.

Argula von Grumbach: An ain Ersamen Weysen Radt der stat Ingolstat/ ain sandtbrieff/von Fraw Argula von grunbach geborne von Stauffen, 1523.

Argula von Grumbach: An den Edlen und gestrengen herren/Adam von Therin der Pfaltzgrauen stathalter zu Newburg. Ain sandtbrieff von fraw Argula von Grunbach geborne von Stauffen, 1523.

Argula von Grumbach: Dem Durchleüchtigisten Hochgebornen Fürsten und herren/Herrn Friderichen/Herzogen zu Sachssen/des hayligen Römischen Reychs Ertmarschalck und Churfürsten/Landtgrauen in Düringen/unnd Marggrauen zu Meyssen/meynem Gnedigisten herren, 1523.

Argula von Grumbach: Dem Durchleüchtigen hochgebornen Fürsten und herren/Herrn Johansen/Pfaltzgrauen bey Reyn/Hertzoge zu Beyern/ Grafen zu Spanhaym, 1523.

Argula von Grumbach: Eyn Antwort in gedichtß weiß/ainem d hohen Schul zu Ingolstadt/auff ainen spruch/newlich von jm außgangen/welcher hynden dabei getruckt steet, 1524.

Argula von Grumbach: Wye ein Christliche fraw des adels/in Beyern durch iren/in Gotlicher schrifft/wolgegrundtenn Sendtbrieffe/die hohenschul zu Ingolstat/umb das sie eynen Euangelischen Jungling/zu widersprechung des wort Gottes/betrangt haben/straffet, 1523.

Martin Luther: Ein Traubüchlein für die einfältigen Pfarrherrn, 1529, Werke, Kritische Gesamtausgabe (Weimarer Ausgabe, WA), 1910.

Martin Luther: Briefwechsel, WA Br 1–18, Weimar 1930–1985.

Martin Luther: Genesisvorlesung, 1535–1545, WA 42–44, Weimar 1911–1915.

Martin Luther: Tischreden, WA Ti1–6, Weimar 1912–1921.

Martin Luther: Vom ehelichen Leben, 1522, WA 10, II, 267–304, Weimar 1907.

Martin Luther: Wider das blind und toll Verdammniß der siebenzehn Artikel von der elenden schändlichen Universität zu Ingolstadt ausgangen, 1524, WA 15, 95–125, Weimar 1899.

Martin Luther Studienausgabe: 6 Bände, hg. von Hans-Ulrich Delius, Berlin/Leipzig 1979–1999.

Ursula von Münsterberg: Frau Ursulen, Herzogin zu Münsterberg, christliche Ursachen des verlassenen Klosters zu Freiberg, 1528.

Ursula Weyda: Wyder das unchristlich schreyben un Lesterbuch / des Apts Simon zu Pegaw unnd seyner Brüder. Durch Ursula Weydin Schösserin zu Eyssenberg / Eyn gegründe Christlich schrifft Götlich wort und Ehelich leben belangende, 1524.

Katharina Zell: Briefwechsel Frauen Catharina Zellin von Straßburg, und Herrn Ludwig Rabus, Superintendenten zu Ulm, in: Beyträge zur Erläuterung der Kirchen-Reformations-Geschichten des Schweitzerlandes, V. Teil, hg. von J. C. Füsslin, Zürich 1753, 191–354.

Katharina Zell: Den leydenden Christglaubigen weybern der gemain zu Kentzingen meinen mitschwestern in Christo Jhesu zu handen, 1524.

Katharina Zell: Den Psalmen Miserere/mit dem Khünig David bedacht/ gebettet/und paraphrasiert von Katharina Zellin M. Matthei Zellen seligen nachgelassne Ehefraw/sampt dem Vater unser mit seiner erklärung/zugeschickt dem Christlichen mann Juncker Felix Armbruster/ Zum trost in seiner kranckheit/und andern angefochtenen hertzen und Concientzen/der sünd halbe betrübt. In truck lassen kommen 1558.

Katharina Zell: Entschuldigung Katharina Schützinn 1524.

Katharina Zell: Ein Brieff an die gantze Burgerschafft der Statt Straßburg, 1557.

Katharina Zell: Klag red und ermahnung Catharina Zellin zum volk bey dem grab m: Matheus Zellen pfarer zum münster zu Straßburg, 1548.

Literatur

Bainton, Roland: Frauen der Reformation: Von Katharina von Bora bis Anna Zwingli. Gütersloh 1996.

Brandt, Gisela: Ursula Weyda – prolutherische Flugschriftenautorin (1524): soziolinguistische Studien zur Geschichte des Neuhochdeutschen, Stuttgart 1998.

Brinder-Gabler, Gisela (Hg.): Deutsche Literatur von Frauen, Bd. 1. München 1988, 113–148; 481–483; 521–523.

Burghartz, Susanna: Wibrandis Rosenblatt – Die Frau der Reformatoren, in: Johannes Oekolampad, Wibrandis Rosenblatt und die Reformation in Stadt und Landschaft Basel, Basel 2005, 30–42.

Düchting, Reinhard u. a. (Redaktion): Olympia Fulvia Morata. Stationen ihres Lebens: Ferrara – Schweinfurt – Heidelberg. Katalog zur Ausstellung im Universitätsmuseum Heidelberg 1998. Ubstadt-Weiher 1998.

Halbach, Silke: Argula von Grumbach als Verfasserin reformatorischer Flugschriften, in: Europäische Hochschulschriften 468, Frankfurt/M. 1992.

Heinsius, Maria: Das unüberwindliche Wort – Frauen der Reformationszeit, München 1951.

Holzberg, Niklas: Olympia Morata, in: Fränkische Lebensbilder, Bd. 10, Würzburg 1982, 141–156.

Ders.: Olympia Morata und die Anfänge des Griechischen an der Universität Heidelberg, in: Heidelberger Jahrbücher 31, 1987, 77–93.

Jung, Martin H.: Die Reformation – Theologen, Politiker, Künstler, Göttingen 2008.

Ders.: Nonnen, Prophetinnen, Kirchenmütter: Kirchen- und frömmigkeitsgeschichtliche Studien zu Frauen der Reformationszeit, Leipzig 2002.

Kaufmann, Thomas: Geschichte der Reformation, Frankfurt/M./Leipzig 2009.

King, Margaret L.: Frauen in der Renaissance, München 1993.

Klosterkammer Hannover (Hg.): Poesie und Stille. Schriftstellerinnen schreiben in Klöstern, Göttingen 2009.

Kobelt-Groch, Marion: Aufsässige Töchter Gottes: Frauen im Bauernkrieg und in den Täuferbewegungen, Frankfurt/M. 1993.

MacCulloch, Diarmaid: Die Reformation 1490–1700, München 2008.

Mager, Inge: Elisabeth von Brandenburg – Sidonie von Sachsen. Zwei Frauenschicksale im Kontext der Reformation von Calenberg-Göttingen, in: 450 Jahre Reformation im Calenberger Land, Festschrift des Ev.-luth. Kirchenkreises Laatzen-Pattensen, 1992.

McKee, Elsie A. (Hg.): Katharina Schütz Zell, Leiden 1998.

Talkner, Katharina/Schridde, Sr. Katharina (Hg): Mit Lust und Liebe. Das Elisabeth-Brevier, Hannover 2009.

Schneider-Böklen, Elisabeth: Elisabeth Cruciger, die erste Dichterin des Protestantismus, in: Gottesdienst und Kirchenmusik, Heft 2/1994, 32 ff.

Dies.: Der Herr hat Großes mir getan – Frauen im Gesangbuch, Stuttgart 1995, 11–26.

Staehelin, Ernst: Frau Wibrandis, Leipzig/Berlin 1934.

Vogt-Lüerssen, Maike: Frauen in der Renaissance, 30 Einzelschicksale. Norderstedt 2006.

Vorländer, Dorothea: Olympia Fulvia Morata – eine evangelische Humanistin in Schweinfurt, in: Zeitschrift für bayrische Kirchengeschichte 39, 1970, 95–113.

Weiß-Hählin, Gertrud: Olympia Fulvia Morata in Schweinfurt, in: Zeitschrift für bayrische Kirchengeschichte 30, 1961, 175–183.

Zimmerli-Witschi, Alice: Frauen in der Reformationszeit, Zürich 1981.

Bildnachweise

Abb. 1: Titelblatt der Flugschrift »Wye ein Christliche fraw des adels/in
Beyern durch iren/in Gotlicher schrifft/wolgegrundtenn Sendt-
brieffe/die hohenschul zu Ingolstat/umb das sie eynen Euangelischen Jungling/zu widersprechung des wort Gottes/betrangt
haben/straffet«, 1523, Herzog August Bibliothek Wolfenbüttel, Signatur: Yv 2714.8° Helmst. (4)

Abb. 2: Schaumünze »Argula von Grumbach«, Stadtarchiv Ingolstadt

Abb. 3: Titelblatt der Flugschrift: »Wyder das unchristlich schreyben un
Lesterbuch / des Apts Simon zu Pegaw unnd seyner Brüder.
Durch Ursula Weydin Schösserin zu Eyssenberg / Eyn gegründe
Christlich schrifft Götlich wort und Ehelich leben belangende«,
1524, Herzog August Bibliothek Wolfenbüttel, Signatur: 104.16
Quod. (10)

Abb. 4: Titelblatt der Schrift: »Den Psalmen Miserere/mit dem Khünig
David bedacht/gebettet/und paraphrasiert von Katharina Zellin
M. Matthei Zellen seligen nachgelassne Ehefraw/sampt dem Vater
unser mit seiner erklärung/zugeschickt dem Christlichen mann
Juncker Felix Armbruster/Zum trost in seiner kranckheit/und
andern angefochtenen hertzen und Concientzen/der sünd halbe
betrübt. In truck lassen kommen 1558«, Herzog August Bibliothek
Wolfenbüttel, Signatur: 1133 Theol. (3)

Abb. 5: Holzschnitt aus »Ayn bezwungene antwort vber eynen Sendt-
brieff/eyner Closter nunnen/an jr schwester imm Eelichen standt
zuogeschickt/darinn sy jr vil vergebner vnnützer sorg fürhelt/vnn
jre gaistliche weißheit vnn gemalte hayligkait zuo menschlichem
gesicht aff mutzet«, 1524, Privatsammlung Martin H. Jung

Abb. 6: Titelblatt der Schrift: »Frau Ursulen, Herzogin zu Münsterberg, christliche Ursachen des verlassenen Klosters zu Freiberg«,
1528, Herzog August Bibliothek Wolfenbüttel, Signatur: Li 5530
(53/1023)

Abb. 7: Portrait Wibrandis Rosenblatt, Universitätsbibliothek Basel

Abb. 8: Holzschnitt aus »Der Durchleuchtigen/Hochgebornen Fürstin
un Frawen/Frawen Elizabeth geborne Marckgräffin zu Brandenburg etc. Hertzogin zu Braunßweig und Leunenberg beschlossen

und verwilligtes Mandat/in jrem fürstenthumb gottes wort auf-
fzurichten/und irrige/verfürte leer außzurotten/belanget«, 1542,
Klosterkammer Hannover

Abb. 9: Autograph Elisabeth von Calenberg-Göttingens, Klosterkammer Hannover

Abb. 10: Portrait Olympia Fulvia Morata, Ruprecht-Karls-Universität
Heidelberg

Schlaglichter der Reformation

Martin H. Jung
**Philipp Melanchthon
und seine Zeit**

2010. 168 Seiten, gebunden
ISBN 978-3-525-55006-9

Wenigen ist bekannt, dass Melanchthon entscheidende Fäden
im Hintergrund der Reformation
gezogen hat. Anders als Luther,
Zwingli und Calvin hat er die
ganze Reformationsgeschichte
miterlebt und -gestaltet, von den
Anfängen mit Luthers Thesen
1517 bis zum Ende mit dem Augsburger Religionsfrieden 1555.
Melanchthon schrieb das erste
Lehrbuch für evangelische Theologie, er verfasste das wichtigste
evangelische Glaubensbekenntnis
und gestaltete das evangelische
Schul- und Universitätswesen.
Martin H. Jung macht in seiner
spannenden Biografie mit dem
vergleichsweise unbekannten Melanchthon bekannt.

Martin H. Jung
Die Reformation
Theologen, Politiker, Künstler

2008. 179 Seiten mit 9 Abb., kartoniert
ISBN 978-3-525-55782-2

Mit der Reformation beginnt
die Neuzeit, aber auch die bis
heute andauernde Spaltung der
abendländischen Christenheit
in zwei Konfessionen. Die theologischen Entscheidungen und
Prägungen der Frömmigkeit, die
im Protestantismus und im Katholizismus des 16. Jahrhunderts
getroffen wurden, wirken bis in
die Gegenwart. In einer Zeitspan-
ne von 1517 bis zum Augsburger
Religionsfrieden 1555 nimmt Jung
Luther und andere Reformatoren
in den Blick, aber auch ihre Anhänger und ihre Gegner, Männer
und Frauen, ferner Politiker und
Bischöfe sowie Künstler und Gelehrte, die die entscheidenden
Impulse in dieser Zeit geliefert
haben.

Vandenhoeck & Ruprecht

Liebe Schwestern in Christus

Vandenhoeck & Ruprecht

Christa Möbius
Liebe Schwestern in Christus
Frauen der frühen Christenheit
melden sich zu Wort

2008. 111 Seiten mit 3 Abb., gebunden
ISBN 978-3-525-63336-6

Briefe, wie Jüngerinnen und Apostelinnen zur Zeit Jesu und des Urchristentums sie geschrieben haben könnten – bedeutsam für die Schwestern in den Gemeinden von heute.

Die Frau schweige in der Kirche? – Von wegen, das hat sie nie. Sonst wäre auch Kirche wohl gar nicht zustande gekommen. Es hat Jüngerinnen und Apostelinnen gegeben, sie haben verkündigt und geholfen und Gemeinde gebaut. Von ihnen gibt es Spuren im Neuen Testament, wir müssen sie nicht erfinden. Aber ihre Briefe, die sind verloren gegangen – bis heute. »Liebe Schwestern in Christus« empfindet sie nach. Als Ermutigung und Bestätigung für Frauen, die heute in der Gemeinde und für ihren Glauben tätig sind.

Vandenhoeck & Ruprecht